Ute & Heinrich Hagehülsmann

Entschieden für Dich

Ute & Heinrich Hagehülsmann

Entschieden für Dich

Freiheit und Abhängigkeit in der Liebe

KREUZ

© KREUZ VERLAG
in der Verlag Herder GmbH, Freiburg im Breisgau 2011
Alle Rechte vorbehalten
www.kreuz-verlag.de

Umschlaggestaltung: [rincón]² medien gmbh, Köln
Umschlagmotiv: © Masterfile
Autorenfoto Heinrich Hagehülsmann: © privat
Autorinnenfoto Ute Hagehülsmann: © Peter Kreier

Satz: de·te·pe, Aalen
Herstellung: fgb · freiburger graphische betriebe
www.fgb.de

Gedruckt auf umweltfreundlichem, chlorfrei gebleichtem Papier
Printed in Germany

ISBN 978-3-451-61016-5

Inhalt

Vorwort

Dieses Buch zu schreiben war für uns, Ute & Heinrich, eine Herausforderung. Wir sind nicht nur seit über 30 Jahren ein Paar, sondern arbeiten auch mehr oder weniger häufig aus der gleichen Profession heraus zusammen als Paartherapeuten. Dennoch gaben die Inhalte dieses Buches, die letztlich von keinem objektiv gültigen Außenmaßstab hinsichtlich »richtig« oder »falsch« zu beurteilen sind, Anlass zu einem sehr intensiven Prozess, uns erneut miteinander auszutauschen, auseinanderzusetzen und in Form einer gemeinsamen Hinsicht einzulassen. Auf diese Weise haben wir mit diesem Buch erlebt, wie man auch nach langer Beziehung und gemeinsamer Arbeit immer wieder an- und miteinander wachsen kann.

Ob es auch Sie in diese Richtung anstoßen kann – wobei Zustimmung wie Widerspruch zu seinen Inhalten dieselbe Wirkung haben kann –, bleibt uns verborgen, selbst wenn wir es uns sehr wünschen. Aber wie auch immer: Was wir Ihnen in diesem Buch in vielfältigen Facetten zeigen wollen, sind Ausschnitte aus der Lebensrealität von Paaren im Spannungsfeld zwischen erstrebter Autonomie und ungewünschter Abhängigkeit sowie zwischen identischer Individualität und tief innerlich ersehnter Geborgenheit im Du. Gleichzeitig wollen wir Ihnen zeigen, wie Partnerschaft in dieser Realität befriedigend, beglückend und manchmal vielleicht sogar lustvoll gelebt werden kann.

Was wir in diesen Zusammenhängen niedergeschrieben haben, ist hinsichtlich der Beispiele von den Menschen, mit denen wir arbeiten oder gearbeitet haben, real erlebt, wenn auch verfremdet. Hinsichtlich seiner theoretischen

Überlegungen wie praktischen Hinweise ist das Beschriebene in unserer eigenen Paargeschichte erfahren, erlebt und in Teilen auch durchlitten. Es wurde im Gespräch mit unseren Freunden und in unseren Paargruppen immer erneut überprüft, vor allem für die Aspekte gelingender Partnerschaft.

Insofern wollen wir Sie anregen und dazu einladen, Ihre eigenen Erfahrungen zu überprüfen: Was bedeuten eine klare Entscheidung für einen anderen Menschen sowie Freiheit und Abhängigkeit in der Liebe zu ihm für sie persönlich?

Um Sie durch diesen Denk- und Fühlprozess zu geleiten, werden wir zunächst beschreiben, was wir unter Freiheit und Verstrickungen verstehen. Im Anschluss daran werden wir durch vielfältige Beispiele zeigen, wie die individuelle Geschichte von Menschen mit ihren individualbiografischen Ursachen und Auslösern Partnerschaft beeinflusst und welche Themen in jeder Beziehung Anlass zu Konflikten oder Harmonie geben können. Im folgenden Abschnitt machen wir Sie mit gesellschaftlichen Bedingungen im Spannungsfeld zwischen Illusion und Wirklichkeit von Partnerschaft vertraut, um Ihnen zu zeigen, mit welchem Geflecht von Bedingungen sich Paare heute oft auseinandersetzen müssen. Daran anschließend stellen wir Ihnen das »Handwerkszeug« der Liebe vor, das Ihnen Auswege aus Sackgassen aufzeigt: Möglichkeiten im Umgang mit Dialogen, Bedürfnissen, Respekt, Körperlichkeit sowie Nähe und Distanz. Dies alles führt zu einer Zusammenfassung, die die positiven Aspekte von Konflikten sowie von Wachstum an und in der Partnerschaft deutlich macht.

Zwischen den einzelnen Abschnitten werden Sie »Exkurse« als inhaltliche Vertiefungen zu den Themen Auto-

nomie und Abhängigkeit, Macht und Kontrolle, zu Sinnlichkeit und Freude in der Beziehung, zu Liebe und zu
Spiritualität in der Beziehung finden. Diese Exkurse müssen Sie nicht sofort lesen, um unserer Führung durch die
Themen folgen zu können. Sie dürfen übersprungen und
später gelesen werden. Wenn Sie jedoch durch ein Thema
sehr angeregt sind, können Sie Ihre Auseinandersetzung
damit an den entsprechenden Stellen gleich vertiefen.

Bleibt als Letztes, unseren Dank auszusprechen: Zum einen all jenen Paaren und Klienten, an deren Erfahrungen
und Wachstumsprozessen wir teilhabend lernen durften;
zum anderen jenen, in diesem Druck ungenannten Kolleginnen und Kollegen, vor allem den Autorinnen und Autoren unter ihnen, von denen wir durch Lesen, Hören
(manchmal auch nur Hörensagen) und gemeinsame Gespräche und Diskussionen partizipieren durften; und zum
dritten Frau Imke Rötger vom Kreuz Verlag für ihre
wohlwollend-kritische wie anregend-kreative Begleitung
dieses Buches. Wir haben sie »genossen«. Trotzdem wäre
das Buch nicht zustande gekommen, wäre es nicht in
vielen Durchgängen von unserer Assistentin Frau Antje
Schröder und unserer Sekretärin Frau Sabine Dickfeld
liebevoll beratend wie korrigierend geschrieben, gestaltet,
umgeschrieben, neu gestaltet und schriftlich in eine End-
fassung gebracht worden. Daher gilt auch Ihnen unser
herzlicher Dank.

Viel Spaß und Gewinn beim Lesen!

Ute & Heinrich Hagehülsmann

PS: Sollten Sie Lust verspüren, uns eine Rückmeldung zu
geben, so sind Sie herzlich dazu eingeladen und finden
unsere Adresse am Ende des Buches.

Freiheit und Verstrickung

»Schau mir in die Augen, Kleines«, sagt Humphrey Bogart zu Ingrid Bergmann im Film »Casablanca«, womit die beiden Schauspieler eine Liebesszene schaffen, die als Bild für eine große Liebe um die Welt ging. Allerdings bewahrt der tragische Ausgang des Films, durch den die Liebenden nicht in einer alltäglichen (Ehe-)Situation ankommen, den Zuschauer vor der Auseinandersetzung damit, wie Liebe zur Beziehung und aus der Beziehung Bindung wird. Und man erfährt auch nicht: Beinhaltet die Bindung Freiheit und damit eine Grundlage für Wachstum und Entwicklung? Oder ist sie von Einengung gekennzeichnet und führt damit zu Situationen, die wir als Verstrickung bezeichnen?

Unter Verstrickung in einer Partnerschaft verstehen wir eine Situation, in der die gegenseitigen Erwartungen und Bewertungen nur noch so wenig übereinstimmen, dass es zu schmerzlichen Reibereien und Auseinandersetzungen kommt. Was man vom anderen haben möchte, wie man von ihm gesehen werden möchte, was man miteinander tut oder lässt, all das ist dann weit von dem entfernt, was man sich erträumt oder erhofft hat. In der Folge erlebt man das Empfinden des »ersten Augenblicks« nachträglich als Illusion und nimmt es dem anderen oft übel, dass dieser die Illusion zerstört hat. In solchen Situationen sind wir Menschen tief miteinander verstrickt und bereiten uns letztlich gegenseitig nur noch Schmerzen.

11

Freiheit als Gegensatz zu Verstrickung bedeutet, dass es in der Bindung zum anderen gelingt, gemeinsam Erwartungen und Bewertungen mit dem zu vergleichen, was man miteinander erlebt, und daher das »Anders-sein« zu spüren und zu respektieren.

Im Film müsste Ingrid Bergmann dazu deutlich machen, dass sie nicht »das Kleine« ist, sondern sich nur manchmal in dieser Rolle gefällt. Und Humphrey Bogart müsste zugeben, dass es beschwerlich ist, immer der Held zu sein, und es sogar Situationen gibt, in denen auch er nicht weiter weiß.

In diesem »Zu-sich-Stehen« liegt Freiheit. Und wenn man dafür Achtung und Respekt erfährt, was manchmal erst nach Krach, Tränen und Auseinandersetzungen erreicht werden kann, wächst Bindung und eine reifere Form der Liebe.

Ob es gelingt, den Weg der Freiheit einzuschlagen oder in die Sackgasse der Verstrickung zu geraten, hängt in starkem Maße von der Persönlichkeit und ihren Erfahrungen in Beziehungen ab sowie von ihren Wünschen an den anderen und ihren Bildern vom anderen. Sind wir relativ selbstbewusst und richten unser Handeln an eigenen Wertmaßstäben aus, handeln wir also autonom, so brauchen wir keinen anderen als Gegenüber, an dem wir uns orientieren und von dem eine Art Erlaubnis ausgehen soll, uns so zu verhalten, wie wir es wollen. Das heißt, wir konnten ein Gespür für unseren eigenen Weg entwickeln, einen Weg, der uns das Entscheidende erlaubt: Wir dürfen unser Bedürfnis nach Freiheit und Unabhängigkeit gänzlich ohne Blick auf die Bewertung durch andere leben und ebenso unsere gegenpoligen Wünsche nach Anlehnung und Versorgt-werden. Sind wir dagegen unsicher und ängstlich, so brauchen wir im anderen eine Orientierungshilfe und vor allem eine Person, die uns in unserem Wert bestätigt. Gleichzeitig geben wir unserem Bedürfnis nach Freiheit und Unabhängigkeit wenig oder gar keinen Raum, sondern machen uns vom anderen abhängig. Dabei besteht diese Abhängigkeit immer in einer Einseitigkeit, bei der dem Bedürfnis nach Freiheit keine Rechnung getragen wird.

Somit entscheidet im Wesentlichen unsere Erfahrung mit darüber, ob wir den Weg der Freiheit oder den der Verstrickung wählen. Die Beziehung zum anderen stellt den Spiegel für unser inneres Ausmaß an Autonomie beziehungsweise Abhängigkeit dar; diesem entsprechend sehen wir den anderen am Anfang jeder Beziehung gern so, wie wir ihn brauchen, sei das »stark und richtungsweisend« oder »klein und schutzbedürftig«.

Gerade diese gegenseitigen Ergänzungen werden am Anfang von Beziehungen oft positiv und bereichernd erlebt und stellen zum Teil die gegenseitige Attraktivität dar. Da es jedoch in jedem Menschen auch das gegenpolige Bedürfnis gibt, kommt es im Verlauf der Partnerschaft immer wieder zu Situationen, in denen der andere den eigenen Bedürfnissen nicht mehr gerecht wird oder gerecht werden kann. Dann wird »das Kleine« zum Beispiel wütend, weil sie sich in ihrer Freiheit eingeschränkt sieht und die bislang geschätzte Fürsorge ihres Helden als übergriffig erlebt. Oder der Held ist seinerseits verunsichert und seine überlegen erscheinende Stärke entpuppt sich als Abhängigkeit, in der er »das Kleine« braucht, um wertvoll zu sein. Genau dann kommt alles ins Wanken. Genau dann haben wir die Situation der Verstrickung.

Wieso aber erwischt das »die Kleine« und ebenso »den Helden« oder auch uns immer wieder, obwohl wir da doch auf keinen Fall hinwollten?

13

Interessieren Sie sich eher für Auslöser und Ursachen von Freiheit und Verstrickung, empfehlen wir, auf Seite 18 weiterzulesen. Sind Sie gleichermaßen an einem vertieften Verständnis der Basisbedingung »Autonomie« interessiert, so lesen Sie zunächst den folgenden Exkurs.

Autonomie und Abhängigkeit: ein Exkurs

Unter Autonomie verstehen wir eine Haltung und Einstellung, durch die wir uns an Wertmaßstäben orientieren, die wir selbst als richtig empfinden und die uns befähigen, selbstständig und (relativ) unabhängig zu handeln.

In der Transaktionsanalyse, der geistigen Heimat unserer therapeutischen und beratenden Arbeit, definieren wir Autonomie durch vier Fähigkeiten:

- die Fähigkeit zu Bewusstheit: Wir können eigene Gefühle, Gedanken und Wirkungen ebenso wahrnehmen und in ihrer Bedeutung erfassen wie emotionale Äußerungen und Verhaltensweisen von anderen Menschen und das Geschehen im Kontext und in der Welt, die uns umgeben. Ausgestattet mit diesem Vermögen zeigen wir eine wache mentale und emotionale Offenheit.
- die Fähigkeit zu Spontanität beziehungsweise Flexibilität: Wir können zwischen verschiedenen Reaktionsmöglichkeiten wählen, um auf unser

inneres Erleben und die Außenwelt zu reagieren. Beispielsweise können wir manchmal laut und deutlich sagen, was wir denken, aber manchmal auch – weise – schweigen.

■ die Fähigkeit zu Intimität: Wir können anderen Menschen offen und unverstellt begegnen und dabei in sozial angemessener Weise unsere Gefühle zeigen.

■ die Fähigkeit zur Verantwortung: Wir können unsere eigenen Empfindungen, Meinungen und Entscheidungen nicht nur zeigen, sondern auch für sie geradestehen.

Diese vier Fähigkeiten sind eng miteinander verwoben. Ohne Bewusstheit, wenn man nicht richtig wahrnimmt, was in einem selbst oder anderen vorgeht, kann man keine angemessenen Handlungsmöglichkeiten finden. Sind wiederum die Handlungsmöglichkeiten einseitig oder eingeschränkt, kommt es nicht zu wirklicher Intimität. In einer offenen Begegnung haben auch die Gefühle und Empfindungen ihren Raum. Je eingeschränkter die Handlungsmöglichkeiten sind, desto eingeschränkter sind auch die Gefühle. In der Folge kommt es zu keiner authentischen Begegnung, sondern zu Verstrickungen, zu Abhängigkeiten oder sogenannten »Spielen«, wie sie in der Transaktionsanalyse beschrieben werden (Berne 1964/1970).

Die Verstrickungen werden umso verknoteter und verwirrter, je weniger Verantwortung eine Person für ihr eigenes Denken, Fühlen und Handeln übernimmt und diese stattdessen dem Gegenüber zuschiebt. Das geschieht zum Beispiel immer dann, wenn man sich auf eine bestimmte Weise verhält, die bewirken soll, dass der Partner seinerseits mit einem erwünschten Verhalten antwortet. Man gibt sich beispielsweise besonders unfähig, damit der andere fürsorglich wird. Im Gegensatz zu diesem heimlich einfordernden Verhalten bewirkt die Verantwortlichkeit für das eigene Denken und Tun das Loslösen aus unguten Verstrickungen und begünstigt den Anfang von Entwicklung.

Erleben wir einen generellen oder auch temporären Mangel an diesen Fähigkeiten, so sind die Betroffenen angewiesen auf andere Menschen und/oder Dinge, wie zum Beispiel auf ständigen Zuspruch oder auf ein Suchtmittel, das die Selbstunsicherheit kompensieren soll. Je weniger Fähigkeiten wir besitzen, die unsere Autonomie ausmachen, desto größer wird unsere Abhängigkeit, weil auch die Möglichkeiten zur Bedürfnisbefriedigung immer mehr eingeschränkt werden. Hiermit wird der enge Zusammenhang zwischen Autonomie und Bedürfnisbefriedigung deutlich: In jeglichem Miteinander mit anderen und besonders auch in unserer Partnerbeziehung schwingen diese Bedürfnisse und die Erfahrungen hinsichtlich ihrer Befriedigung in mehr oder weniger großem Ausmaß mit. Hierbei geht es um die Befriedigung unserer Bedürfnisse nach Zuwendung und Beachtung, nach Struktur und nach Stimulation (siehe ab Seite 24), die wir als Menschen zu unserer physischen und psychischen Gesundheit brauchen.

Einen Teil dieser Bedürfnisse können erwachsene Menschen selbst befriedigen. Für einen anderen Teil brauchen wir andere Menschen und erleben darin eine gesunde Abhängigkeit vom »Du«, vorausgesetzt, diese Abhängigkeit ist offen und wird zwischen den Beteiligten wahrgenommen und besprochen. Je weniger eine Person jedoch über Autonomie verfügt, desto mehr ist sie auf die heimlich eingeforderte Bedürfnisbefriedigung durch den anderen angewiesen (siehe Beispiele ab Seite 19), was sich langsam steigernd zur Abhängigkeit von eben dieser Person führt.

Dabei bedeutet Abhängigkeit das Gegenteil von Autonomie, nämlich die Unfreiheit, von außen oder von anderen bestimmt zu werden. Diese Abhängigkeit engt uns ein; sie ist nicht mit unserem gesunden Bedürfnis nach Beziehung zu verwechseln und auch nicht mit unserem gesunden Wunsch, mit anderen zu unserer Bedürfnisbefriedigung in Kontakt zu treten. Durch die Abhängigkeit wird auch unser naturgegebenes Bedürfnis nach Eigenständigkeit in starkem Maße eingeschränkt. Da wir beide Bedürfnisse lebenslang befriedigen müssen, kommt es leicht zu einem Spannungsverhältnis zwischen dem Bedürfnis nach Eigenständigkeit und dem Bedürfnis nach Bindung. Hier benötigen wir den Dialog mit dem Partner, um deutlich zu machen, in welcher Bedürfnislage wir sind und was wir jetzt von ihm brauchen. Das aber wird uns nur dann gelingen, wenn wir Bewusstheit für das Gegenpolige unserer Bedürfnisse besitzen, den anderen direkt fragen dürfen und die Verantwortung dafür übernehmen, dem anderen die eigene Situation deutlich zu machen. Mit diesen Schritten verhalten sich Menschen autonom, das heißt selbstbestimmt.

In Merksätze ausgedrückt kann man sagen:

- Selbstverständliches Erwarten wie auch heimliche Steuerung von Bedürfnisbefriedigung führen zu Verstrickungen!
- Das autonome Formulieren von Wünschen und Bedürfnissen pflegt die Liebe und führt nicht – wie häufig fälschlich angenommen – zu ihrer Abnutzung.
- Ein vom anderen gespürtes und befriedigtes Bedürfnis ist ein zusätzliches Geschenk im Zusammenleben.
- »Die Liebe ist das Kind der Freiheit« (altfranzösisches Sprichwort, zitiert nach Moeller 1986).

Individuelle biografische Ursachen und Auslöser

Abhängigkeit beziehungsweise Unabhängigkeit und das Ausmaß beider sind tief in unserer Biografie verwurzelt. Nirgendwo im Leben werden vor allem unsere sehr frühen biografischen Erfahrungen wirksamer als in der Partnerschaft. Die Art und Weise, wie wir uns geliebt fühlten und unseren Wert und den der anderen erlebt haben, spiegeln sich ebenso wie unsere Erfahrungen mit Nähe in unseren Partnerbeziehungen. Da wir diese intuitiv, das heißt jenseits bewussten Nachdenkens eingehen, wählen wir die Person, deren Muster uns die vertrautesten sind, auch wenn das auf der Oberfläche völlig anders aussieht. Genau dies zeigt beispielsweise das Paar Karin und Peter:

Karin ist Rechtsanwältin, Peter ist Lehrer. Sie haben zusammen einen Sohn, der bereits studiert. Beide beschäftigen sich schon länger, mal mehr, mal weniger intensiv, mit dem Gedanken an Trennung, weil sie »nichts mehr miteinander teilen«. Eigentlich wissen beide gar nicht, wie es zu diesem Zustand gekommen ist, denn als sie sich kennen lernten, schienen sie wie füreinander geschaffen. Sie erlebten eine aufregende Erotik und einen anregenden intellektuellen Austausch, hatten viele gemeinsame Freunde, waren gern und häufig auf Veranstaltungen und Festen und gleichzeitig engagiert im Beruf. Alles war gut!

Karin hatte endlich einen Partner gefunden, in dessen Gegenwart sie sich »richtig« fühlte. Das Empfinden, »falsch« zu sein, begleitete sie, solange sie denken konnte. Ihre Mutter war bereits 42 Jahre alt, als Karin als »Unglücksfall« geboren wurde. Sie schämte sich heftig, in diesem Alter (14 Jahre nach dem vorher geborenen und 16 Jahre nach dem ersten Kind) noch einmal schwanger zu sein. Karin wuchs zwar wie ein Einzelkind auf, allerdings wie von vier Elternteilen gegängelt und kritisiert. Vor allem sah niemand, wie klug sie war, da die Beschäftigung mit einem Kleinkind nicht in das Lebensgefühl von Jugendlichen und bald jungen Erwachsenen passte und die Eltern eigentlich froh gewesen waren, die Kleinkinderphase hinter sich zu haben. Das heißt, Karin »passte nicht mehr in die Familie« und entwickelte in der Folge für sich die tiefe Überzeugung, »nicht richtig« zu sein. Ihr leichtes Lernen, das zügig absolvierte Studium und die Erfolge in der Kanzlei konnten an dieser grundlegenden Überzeugung von sich selbst und ihrem mangelnden Wert nichts ändern. Häufig war sie verunsichert und versuchte, sich an vermutete Erwartungen anzupassen. Dies führte zu einer Anspannung zwischen dem, was sie eigentlich für richtig hielt, und Gedanken, Gefühlen und Verhaltensweisen, die sie entwickelte, um dem zu entsprechen, was sie meinte, tun zu müssen, um gemocht zu sein. Aus dieser Anspannung heraus zog sie sich entweder zurück oder war manchmal auch gereizt und schlecht gelaunt. Nur jetzt, bei Peter, fühlte sich alles anders an.

Peter war auf einem Bauernhof groß geworden, durchaus gewollt und akzeptiert. Da das Leben der Familie durch die Notwendigkeiten des Hofes bestimmt wurde, wuchs Peter in einem strengen Klima der Pflicht auf. Nachdem er als Kleinkind zwar versorgt, ganz häufig jedoch sich selbst überlassen wurde, »suchte« er sich schon als Dreijähriger erste Pflichten im Stall und entwickelte von sich ein Bild, dass er sich Liebe erwerben könne, wenn er (s)eine Pflicht tat. Dieses Erleben verdichtete sich in seinem Kopf zu einer einfachen Formel: je mehr Pflicht – desto mehr Liebe. Natürlich gab es gleichzeitig das Bedürfnis nach Liebe ohne Pflicht, eine Vorstellung, die endlich durch Karin erfüllt schien. Durch sie wurde das Leben heiter und mit ihren vielen Festen und Unternehmungen spielerisch, trotz der Arbeit. Er war dort angekommen, wonach er sich immer gesehnt hatte.

Beide Partner spürten durch den Kontakt zum anderen eine Freiheit im Sinne von Unabhängigkeit von den alten, einengenden Erfahrungen, die sie sich schon immer gewünscht hatten. »In der Verliebtheit erfassen wir tatsächlich Wesentliches von der Person des anderen und von den Möglichkeiten, die wir miteinander an Entfaltung und Entwicklung haben«, sagt der Schweizer Paartherapeut Jörg Willi (2002, 146). Wenn dies gelingt, kann Beziehung ein Ort der Freiheit sein, an dem Menschen Autonomie erleben, das heißt, bewusst wahrnehmen, wie sie sich fühlen, wie sich der oder die andere fühlt, entsprechend verschiedene Handlungsmöglichkeiten zu haben und in dieser Freiheit seelische und körperliche Intimität zu erleben. Gleichzeitig birgt eine solche Beziehung aber auch alle Gefahren der sogenannten Verstrickung in sich.

Auch im Zusammenleben von Karin und Peter entwickelte sich die typische Tragik vieler Paare: Zunächst gibt es die gegenseitige Anziehung, weil der Partner unterstützen kann, wonach man Sehnsucht hat. Doch im Laufe der gemeinsamen Lebensbewältigung schleichen sich die alten Muster ein, mit denen man fälschlicherweise meint, Liebe zu erlangen, die aber genau zum Gegenteil führen und – noch schlimmer – sich gegenseitig verstärken. Bei Karin und Peter zeigt sich das folgendermaßen:

Nachdem sie aus Überzeugung und Freude ihren Sohn bekommen hatten, mussten Beruf, Kind, Alltag und der Umbau des geerbten Hauses bewältigt werden. Der Druck und die äußeren Anforderungen nahmen zu, Alltagsabsprachen misslangen immer öfter – und Karin begann, sich häufiger falsch zu fühlen, während Peter sich immer mehr anstrengte, den Pflichten gerecht zu werden. Beides war mit temporärem Rückzug vom anderen gekoppelt, der beim Partner das alte, wohlvertraute Empfinden bewirkte: Bei Karin »Ich bin nicht richtig« und bei Peter »Ich muss mich noch mehr anstrengen, meinen Pflichten nachkommen, damit sie mich mag«.

Diese gegenseitigen Verstrickungen und ihr Ausdruck via Rückzug oder Distanz schlichen sich zunächst nur zögerlich in die Beziehung ein und wurden dann nur als kurze Missverständnisse abgetan. Da sie aber nie wirklich besprochen wurden, das heißt, kein Dialog über das Problem stattfinden konnte, gab es kein Erkennen der alten Muster, kein Lernen und keine positive Veränderung. Ein Rückzug türmte sich auf den nächsten, und damit addierte sich zum äußeren Stress auch der Stress der Beziehung. Das führte zu einer negativen Stressspirale aus dem Ausagieren alter Muster, der Zunahme von Stress, dem verstärkten Ausagieren alter Muster usw. Obwohl es Phasen gab, manchmal auch einige Wochen andauernd, in denen die alte Anziehung und Harmonie wieder da waren, wuchs »heimlich« der überwältigende Negativanteil in der Beziehung, sodass heute nach 20 Jahren die Frage der Trennung im Raum steht.

Die Beziehung wird also zum Austragungsort individualbiografischer Themen, für die eigentlich eine Lösung, nämlich die Befreiung von ihnen, gesucht wird. Mit unserer Intuition haben wir uns jedoch die Partner gesucht, die uns diese Freiheit signalisiert haben, aber dennoch, genauso wie wir selbst, die vertrauten negativen Muster an Bord hatten. Diese haben sich zusammen mit unseren eigenen alten Mustern zu den alten negativen Verstrickungen entwickelt, wobei die Themen für einzelne Paare natürlich unterschiedlich sind.

Eine andere Ursache von Verstrickung zwischen Paaren liegt häufig in der Gebundenheit eines oder beider Partner an einen Elternteil, auch wenn diese Beziehung real gar nicht gelebt wird.

Irene zum Beispiel hat ihren Vater durch eine tödliche Krankheit verloren, als sie drei Jahre alt war. Sie berichtet, dass sie zwar sehr traurig war, als er starb, dass sich die Mutter mit ihr und ihrem Bruder jedoch ein gutes Leben eingerichtet habe, in dem auch »nie wieder ein Mann aufgetaucht« sei. Sie habe Kindheit und Jugend als sehr frei erlebt und gemacht, was sie wollte. In ihren späteren Mann Jochen habe sie sich verliebt, weil er reifer und ernsthafter gewesen sei als andere in seinem Alter und weil er zudem so fürsorglich und aufmerksam gewesen sei.

Beide hatten den Wunsch, relativ schnell eine Familie zu gründen, und bekamen im Abstand von jeweils zwei Jahren drei Kinder sowie einige Jahre später noch ein viertes. Im »Gewusel« der kind-orientierten Familie fiel zunächst nicht auf, dass sich das Paar immer weiter voneinander entfernte. Erst als der älteste Sohn zehnjährig eine starke Angstsymptomatik entwickelte, wurde deutlich, dass auch in der Paarbeziehung schon lange eine schmerzhafte Distanz bestand, die an der Oberfläche eher selten spürbar war, da die Versorgungs- und Familienstrukturierungsprozesse gut geregelt waren. Die Symptomatik des Sohnes jedoch führte zu einer intensiven Auseinandersetzung der Ehepartner mit sich selbst und miteinander. Dabei erkannte Irene, dass sie sich nach dem Tod des Vaters in trotzig-rebellischer Weise für »alle späteren Beziehungen« in ihrem Leben verschlossen hatte. Gleichzeitig blieb die Sehnsucht nach väterlicher Geborgenheit, die anfangs dazu beigetragen hatte, die Verbindung mit ihrem Ehemann einzugehen. Als dieser sich jedoch durch ihr letztliches Nichteinlassen immer mehr zurückgewiesen fühlte – vordergründig standen die Kinder im Mittelpunkt –, entwickelte er, seinen biografischen Mustern entsprechend, Zynismus und Kälte. Genau diese Reaktionen wiederum konnte Irene nutzen, um ihren Rückzug zu rechtfertigen. Und so wurde die Verstrickung der beiden immer komplizierter und war nur noch durch therapeutische Hilfe auflösbar.

Was zu Freiheit oder Verstrickung führen kann

Für zwei Menschen, die sich entscheiden, ihr Leben miteinander zu verbringen, es gemeinsam zu gestalten, es gemeinsam zu bewältigen und sogar neues Leben im Sinne von Kindern und Familie zu schaffen, gibt es neben den zuvor erörterten Fallstricken in allen Partnerschaften bestimmte Themen, mit denen sie sich – wie jedes Paar – beschäftigen müssen; Themen, an denen sie lernen können, miteinander erfolgreich zu sein, oder an denen Partnerschaft auch zerbrechen kann. Die konstruktive Bewältigung dieser Themen hat etwas mit Autonomie zu tun, mit der Fähigkeit, sich und den anderen adäquat wahrzunehmen und in den eigenen Handlungsmöglichkeiten zu berücksichtigen. Die mangelnde Bewältigung dagegen bietet erneuten Anlass zur Verstrickung. Unserer Erfahrung nach sind dies die Themen:

- Empfinden von Liebe
- Positive Einstellungen und Erwartungen
- Fürsorge füreinander
- Sicherheit und Geborgenheit
- Gemeinsame Werte
- Gemeinsame Ziele und Projekte
- Planungs- und Strukturfähigkeit
- Konfliktfähigkeit

Empfinden von Liebe

Die grundlegende Empfindung aus den ersten Tagen und Monaten der Beziehung, sich bejaht, gewollt und begehrt zu fühlen, sollte und kann auch im Alltag und durch die verschiedenen Lebensphasen hindurch ein tragendes Element von Beziehung bleiben. Anfangs mag das Verlangen nach dem anderen auf dessen Fähigkeit, die eigenen Bedürfnisse genau so zu erfüllen, wie man sich das gewünscht hat, basieren oder auf der Anregung zum Leben unterdrückter Möglichkeiten, wie wir dies zum Beispiel bei Karin und Peter gesehen haben. Später kann die Bejahung und das Gewolltwerden auch darin bestehen, dass nur dieser eine Mensch weiß, wovor man sich fürchtet, oder nur er mir genau die Bücher schenkt, die ich lesen will. Spätestens dann erlebt man, dass das »Ja« aus der tiefen Kenntnis des anderen und einer liebevollen Akzeptanz seiner Schwächen und Fehler resultiert. Oder wie es der chinesische Dichter Wa Di beschreibt:

> Was ist Liebe?
> Eine Hütte mit keinem Palast tauschen wollen,
> Untugenden und Fehler lächelnd übersehen,
> Hingabe ohne geringes Zögern.

Ob dieses große und umfassende »Ja« zum anderen entstehen kann, ist leider auch von der erfolgreichen Bewältigung der oben aufgelisteten Themen abhängig. Gleichzeitig wiederum verstärkt die grundlegende Empfindung von Liebe die erfolgreiche Bewältigung all jener Themen, mit denen wir uns in der Partnerschaft auseinandersetzen müssen, sodass folgender Kreislauf entsteht:

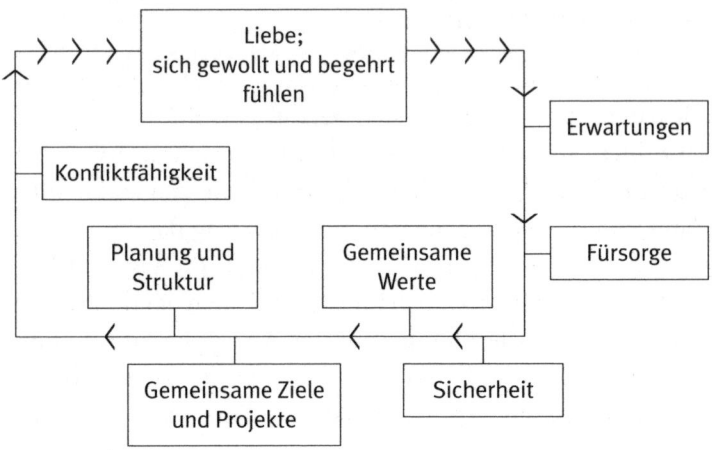

Abb. 1: Ein sich selbst verstärkender Kreislauf der Liebe

Positive Einstellungen und Erwartungen

Positive Erwartungshaltungen sind für unsere Paarbeziehungen ebenso übergreifend bestimmend wie das Empfinden von Liebe. Wenn wir eine Partnerschaft eingehen, bringt jeder der Beteiligten sein Bündel von Erfahrungen mit. Dementsprechend bewerten und interpretieren wir das, was wir beim anderen wahrnehmen, und zwar vor allem im Hinblick darauf, ob und wie die Beziehung gelingen kann. Dabei haben wir Bilder im Kopf und im Herzen, wie unsere Eltern gelebt haben, wie sie sich geachtet oder nicht geachtet haben, ob sie zärtlich miteinander waren oder nicht und vor allem, ob sie uns Problemlösungsmuster für notwendige Auseinandersetzungen gezeigt haben. Erfreulicherweise suchen sich jedoch viele Menschen heute neben den eigenen Eltern auch andere Modelle für eine positive Beziehungsgestaltung. Zudem hat unsere Generation im Vergleich zu der unserer Eltern auch die

26

Chance, dass die Möglichkeit zur Beziehungsgestaltung ein allgemeines Thema ist, das in Zeitschriften, Büchern und anderen Medien behandelt wird. Das heißt, man kann heute wissen, dass die Art der Beziehung nichts Vorgegebenes ist, das man ertragen muss, sondern etwas Gestaltbares, zu dem wir uns, nicht zuletzt durch Bücher wie das vorliegende, vielfältig informieren und anregen lassen können. Hält man aus seiner gesamten Lernerfahrung heraus Probleme in einer Beziehung für lösbar, wird man Schwierigkeiten in der eigenen Beziehung mit einer entsprechend positiven Einstellung begegnen und vice versa.

In unserer Praxis als Paartherapeuten erleben wir auch häufiger Menschen, die einfach lernen wollen, wie »Beziehung geht«: Sie wollen es anders machen als ihre Eltern oder spüren, dass ihnen »nur« das Handwerkszeug fehlt, um auf der Basis der verbindenden Liebe zum Beispiel unfruchtbare Streits zu fruchtbaren Auseinandersetzungen werden zu lassen. Wobei wir für solche Prozesse feststellen können: Je positiver die Einstellung zur Beziehung insgesamt, desto größer ist nicht nur die Bereitschaft, miteinander zu lernen und sich zu entwickeln, sondern auch die Wahrscheinlichkeit, dabei erfolgreich zu sein.

Neben den Erwartungen an die Gestaltungsmöglichkeiten von Partnerschaft spielt auch die Erwartung an den jeweils anderen eine wichtige Rolle:

Gerhard und Luise sind seit acht Jahren verheiratet und haben in kurzer Zeit drei Kinder bekommen. Zudem leiten sie gemeinsam ein kleines Unternehmen. Sie hatte einen sehr despotischen Vater, er eine Mutter, der es mehr auf gesellschaftliches Ansehen als auf den Kern eines Menschen ankam. Entsprechend dieser Vorerfahrung »wartet« Luise darauf, dass er sie genauso despotisch behandelt wie ihr Vater ihre

Mutter, worauf sie, wie in ihrer Kindheit, rebellieren würde. Und natürlich gibt es in einem gemeinsam geleiteten Unternehmen, in dem jeder für alles zuständig ist, unendlich viele Situationen, die von ihr als »seine Dominanz« wahrgenommen werden können und zusammen mit ihrem rebellischen Verhalten zu den entsprechenden Spannungen führen. Dabei hat Gerhard kaum eine Möglichkeit, als »er selbst« wahrgenommen zu werden, das heißt, aus einem bestimmten Bild entlassen zu werden. »Einem Bild entsprechen zu müssen und nicht wirklich gesehen zu werden« ist sein wunder Punkt. Und genau das, in ein gesellschaftlich stimmiges Bild gedrängt und dabei als Person übersehen zu werden, erlebt er nicht nur durch Luises Verhalten, sondern auch in ihren Erwartungen. So erwartet sie zum Beispiel dass er trotz der Spannungen in der Beziehung bestimmte Verpflichtungen gegenüber den Kindern oder Mitarbeitern verwirklichen soll. Daraufhin reagiert dann auch er meist mit massivem Trotz.

Auf diese Weise sind sie derzeit in einer Situation, in der sie keinerlei positive Vorerwartung im Zusammenhang mit dem anderen haben. Das wiederum »bestätigt« permanent die eigenen Bilder, sodass diese Beziehung ohne entsprechend aufdeckende Hilfe von außen in extremer Gefahr schwebt, beendet zu werden. Würden sie zum Beispiel aus finanziellen Erwägungen zusammenbleiben, bestünde die Gefahr psychosomatischer Erkrankungen. Wobei anzumerken ist: Beide würden allerdings auch bei einer Trennung therapeutische Hilfe benötigen, um die alten Bilder der Vergangenheit vom jeweils anderen nicht mehr wirksam werden zu lassen.

Sosehr negativ festgefahrene Einstellungen die Beziehung bestimmen können, sosehr können es auch positive. In dem oben erwähnten Gedicht von Wa Di heißt es bei-

spielsweise: »Untugenden und Fehler lächelnd übersehen«. Dies bedeutet nicht, alles fraglos hinzunehmen, was
der andere tut, aber ihm mit einer Einstellung zu begegnen,
aus der heraus er so sein darf, wie er ist, vor allem aber, ihm
seine Fehler nicht permanent vorzuwerfen. Mit solch einer
großzügig liebevollen Einstellung hört man auf, einerseits
dauernd Veränderung zu fordern und andererseits sich
selbst so stark vom anderen abhängig zu machen.

Wenn Luise Gerhard so sein lassen könnte, wie er ist,
brauchte sie sein Verhalten nicht immer auf sich selbst zu be-
ziehen und nicht als gegen sie gerichtet zu interpretieren. Damit könnte sie sich unabhängig machen. Dann wäre sie in positiver Weise getrennt und eigenständig und nicht ungut mit
ihm verwoben oder verstrickt. Mit ihrer derzeitigen Einstellung ist sie jedoch ganz stark auf ihren Mann bezogen – wenn
auch negativ. So richtet sie zum Beispiel all ihre Energie darauf, dass *er* etwas verändern soll. Das möchte sie auch mit
ihrem Trotz erzwingen. Gleichzeitig vermeidet sie, sich mit
ihrer eigenen Abhängigkeit auseinanderzusetzen und sich zu
fragen, was sie tun kann, wenn sie sich dominiert fühlt, beziehungsweise wie sie überprüfen kann, ob sie überhaupt
dominiert wird.

Natürlich gilt das Gleiche auch für Gerhard und seine Abhängigkeit von Luise. In der Therapie haben wir daher als ersten Schritt für jeden der beiden einen Vertrag vorgeschlagen,
den sie auch angenommen haben. Für Gerhard lautet er: »Ich
sage Luise, wenn ich mich von ihr nicht gesehen fühle, auch
wenn Luise nichts verändert.« Und für Luise lautet er: »Ich
sage Gerhard, wenn ich mich dominiert fühle, auch wenn er
nichts verändert.« Damit konzentrieren sich beide einerseits
auf sich und lernen auszudrücken, wie es ihnen geht. Gleichzeitig zentrieren sie sich nicht mehr auf die erwartete Verhal-

tensänderung des Partners und gehen damit den ersten Schritt in die gegenseitige Unabhängigkeit.

Auch für Paare, die nicht so festgefahren sind, dass Therapie als der einzige Ausweg erscheint, ist es sinnvoll, dass jeder Partner sich auf eine eigene Verhaltensänderung konzentriert und diese unabhängig vom Partner durchführt. Dabei erlaubt gerade diese (innere) Abkoppelung vom anderen langsam, aber stetig eine positivere Sicht auf den anderen, und damit beginnt eine Wahrnehmung seiner wirklichen Person.

Da es sich bei der Sichtweise auf den anderen und die daran üblicherweise geknüpften Erwartungshaltungen an ihn um ein grundlegendes steuerndes Moment innerhalb einer Paarbeziehung handelt, empfehlen wir – nicht nur für die Zeitdauer therapeutischer Prozesse – Paaren folgende Vorgehensweise:

- Legen Sie sich beide ein kleines leeres Notizbüchlein neben das Bett.
- Vereinbaren Sie, dass jeder dem anderen mindestens drei Beispiele in der Woche hineinschreibt, worüber man sich bei ihm oder ihr gefreut hat.
- Natürlich dürfen Sie jederzeit nachschauen, was in Ihrem Buch steht. Vereinbaren Sie jedoch, für einen bestimmten Zeitraum, zum Beispiel zwei Monate, nicht darüber zu sprechen.
- Tauschen Sie erst nach diesem Zeitraum aus, was dieses Büchlein und sein Inhalt für Sie bedeutet.
- Machen Sie dann weiter und legen Sie wieder einen Zeitraum fest, solange es Ihnen gefällt.

Gewiss, die positive Erwartungshaltung dem anderen gegenüber kann nicht nur durch diese kleine Übung entwickelt werden. Trotzdem bleibt es wichtig, dass jede Person in einer Partnerschaft überprüft, ob ihre Einstellung dem Partner gegenüber tolerant genug ist, um ihn und sich selbst wachsen zu lassen, oder aber ob er oder sie daran etwas ändern will.

Fürsorge füreinander

Fürsorge füreinander ist der Stoff, aus dem Wohlfühlen entsteht. Zu spüren, was dem anderen guttun könnte, und es für ihn tun ist eine essentielle Form von Zuwendung und Beachtung. Das kann ein Tee am Bett sein, das Kochen eines Lieblingsgerichts oder das Erledigen eines unangenehmen Telefonanrufs, einfach ein liebevoll sorgendes Verhalten für den anderen. Doch ob die Fürsorge zu einer positiven Kraft im Kreislauf der Liebe wird, hängt von einigen Faktoren ab:

- Fürsorge ist keine Fürsorge mehr, wenn sie von einer Gegenleistung abhängig gemacht wird. Dies gilt auch dann, wenn diese Gegenleistung nur heimlich erwartet wird.

Horst zum Beispiel füllt für Hanna die Versicherungsanträge aus, weil er weiß, dass sie es nicht gern tut, und weil administrative Themen für ihn kein Problem sind. Heimlich erwartet er, dass sie dafür die Küche aufräumt, obwohl er eigentlich »dran« wäre. Nachdem sie nach dem Abendessen ganz lange telefoniert hat und es nicht so aussieht, als fühle sie sich für die Küche zuständig, begibt er sich brummig in die Küche, räumt sie auf und setzt sich dann ärgerlich und trotzig vor den Fernseher. Er ist enttäuscht und fühlt sich »irgendwie ausgenutzt«. Gleichzeitig will er seine Enttäuschung aber auch nicht ansprechen, denn er »will ja das bevorstehende Wochenende nicht verderben«. Dafür klebt er ebenso heimlich eine Rabattmarke in das Markenbuch »Beziehungsfallen«, das dann irgendwann im großen Krach eingelöst wird (zum Vermeiden solcher Beziehungsfallen siehe das Thema »Umgang mit Kommunikation«, Seite 104).

Sicher ist: Diese Art von Fürsorge führt nicht zum Erhalt von Liebe, sondern knabbert an ihr.

Auch Fürsorge als sogenannte Vorleistung ist keine Fürsorge, sondern eine der größten Beziehungsfallen!

Tom ist ein Mann, der nie gelernt hat, über seine Bedürfnisse zu sprechen oder seine Gefühle auszudrücken. Er ist verheiratet mit Maria, die Schwierigkeiten hat, sich abzugrenzen und »ja« oder »nein« zu sagen. Sie haben einen dreijährigen Sohn, der altersentsprechend rebellisch und damit manchmal anstrengend ist. Tom bietet Maria an, einen ganzen Samstag mit dem Jungen in den Zoo zu gehen, sodass sie »mal richtig Ruhe haben kann«. Heimlich tut er das, damit sie entspannt und ausgeruht ist, sodass er am Abend »jedes Recht« hat, seine sexuellen Wünsche deutlich zu machen, oder wie er es formuliert, »seine Ansprüche deutlich zu machen«. Maria hat bereits bei seinem Angebot eine gewisse Erwartungshaltung gespürt und meint, in seinem »Tschüss, bis heute Abend« einen Unterton wahrzunehmen, der auf den Wunsch nach Sexualität hinweist. In ihrer Fantasie darüber wird seine Erwartungshaltung im Laufe des Tages immer anspruchsvoller, sodass sie sich schon mittags »gezwungen« fühlt, abends zur Sexualität »ja« zu sagen, weil er ja so nett war, sie zu entlasten. Entsprechend verkrampft ist sie, als er abends nach Hause kommt ...

Wobei auch dieser Abend damit endet, dass Tom sich bestätigt, dass er machen kann, was er will – er wird nie kriegen, was er braucht. Und Maria bestätigt sich, dass es immer Ärger gibt, wenn sie nicht gleich so will, wie er es möchte. Die scheinbare Fürsorge verwandelt sich in einen Erwartungsdruck, der vor allem im Zusammenhang mit Sexualität so nicht befriedigt werden kann und zu Enttäuschung auf beiden Seiten führt. Maria ist enttäuscht darüber, dass seine Fürsorge »nicht echt« war, Tom darüber, dass all seine Anstrengung nichts nutzt.

Der Ausgangspunkt für eine Veränderung könnte ein Dialog sein, in dessen Mittelpunkt die jeweiligen Enttäuschungen stehen und der keine gegenseitigen Schuldzuweisungen für diese Enttäuschungen enthält, sondern bei dem jeder seine Verantwortung für sein Wohlbefinden mit oder ohne erfüllte Wünsche selber übernimmt (siehe auch »Konfliktfähigkeit«, Seite 49).

■ Der Kampf um Fürsorge erstickt das Wesen jeder Fürsorge im Keim.
Viele Paare kämpfen darum, wer den anderen »zu versorgen hat«. Die Aussage: »Warum machst du denn jetzt nicht das Essen? Du siehst doch, dass ich ganz erschöpft bin«, erhält dann die Antwort: »Ja siehst du denn nicht, dass ich auch total kaputt bin?« In der Folge entsteht ein kleinlicher »Hickhack« darum, wer das Abendessen macht, und entsprechender Unmut für den Rest des Abends. Bedenklich wird es, wenn dann keine wirklichen Dialoge geführt werden, in denen auch die inneren Ängste, die um das Lebensthema »Wer versorgt mich?« kreisen, und die daraus resultierenden Kämpfe offengelegt und vorwurfsfrei miteinander ausgetauscht werden (siehe »Umgang mit Kommunika-

tion«, Seite 104). Denn dann kann es zu einem permanenten Kampf um die Versorgung kommen, der die Liebe langsam aber stetig reduziert.

■ Überfürsorge ist keine Fürsorge.

Wenn man zu wissen meint, was das Beste für den anderen ist, ohne sich an dessen wirklichem Bedürfnis zu orientieren, so handelt es sich in der Regel um Überfürsorge, die den anderen bestimmen will. Auch damit kontrollieren wir den anderen, hängen dieser Kontrolle aber ein gut aussehendes Mäntelchen um, indem wir zum Beispiel den anderen um seiner Gesundheit wegen zum Sport anregen, obwohl er doch eigentlich Ruhe haben will. Genau solche Überfürsorglichkeit führt fast selbstverständlich zu Dissonanz.

Fassen wir es zusammen: Wirkliche Fürsorge beachtet den anderen und ist selbstlos. Sie ist kein Tauschgeschäft. Wobei betont sei, dass diese Aussage nicht der von Jellouschek (2008, 112) beschriebenen Balance zwischen Geben und Nehmen widerspricht, die bei einem Paar in Summe ausgeglichen sein müssen: Es darf sich nicht eine Person zur ausschließlich oder überwiegend Gebenden und die andere zum Nehmenden entwickeln. Denn das führt dazu, dass der Gebende sich im Laufe der Zeit ausgenutzt und der Nehmende dominiert und bevormundet fühlt. Aller Wahrscheinlichkeit nach führt diese Schieflage zu den zuvor beschriebenen Konflikten. Trotzdem darf eine ausgeglichene Gesamtlage nicht bestimmend für eine einzelne Handlung werden, sodass »Fürsorge« gegeben wird, um »den Haushalt auszugleichen«. Denn das wäre Manipulation.

Und wenn der eine den Tee macht, muss nicht der andere zu anderer Gelegenheit auch Tee ans Bett bringen.

Vielleicht recherchiert er im Internet, weil er das besser kann, oder er holt die andere Person nach einer Geschäftsreise am Flugplatz ab. Denn häufig ist es ja so, dass die Fähigkeiten und Vorlieben eines Partners bewirken, wo und in welcher Weise er fürsorglich und verwöhnend für den anderen wird. Darüber hinaus gibt es auch manchmal Phasen, in denen einer mehr für den anderen tut als umgekehrt. Und das ist in Ordnung. Denn manchmal möchte man einfach aus Liebe Verwöhnen. Im Zusammenhang mit diesem Thema regen wir jedoch Paare häufig dazu an, miteinander auszutauschen, worin sie die gegenseitige Fürsorge erleben und ob die Waage tatsächlich ausgeglichen ist. Oft entdecken sie dabei, wie viele Kleinigkeiten als Fürsorge erlebt oder gemeint sind, und werden so aufmerksam, das heißt bewusst für eine wesentliche Substanz, die die Liebe lebendig hält.

Sicherheit und Geborgenheit

Sicherheit und Geborgenheit sind Weg und Ziel in der Partnerschaft. Und sie sind der Acker, auf dem Wachstum entstehen kann. In einer Gesellschaft, die Trennung von Paaren ökonomisch und gesellschaftlich im Vergleich zu anderen Generationen relativ einfach macht, versuchen viele Menschen, Probleme zu lösen, indem sie dem Partner damit drohen, ihn zu verlassen. Aus der bei sich selbst wahrgenommenen Ohnmacht, den anderen zu etwas bewegen zu können, was dieser scheinbar nicht will, wird häufig zu dieser Drohung gegriffen, um scheinbar sicher zu sein, vom anderen »endlich« wahrgenommen zu werden. Damit werden jedoch weder die gewünschte Sicherheit noch eine wirkliche Bedürfnisbefriedigung oder die gewünschte Verhaltensänderung erreicht; sondern es wird

primär Überanpassung mit der entsprechenden Unleben-
digkeit, mit Machtkampf oder Rebellion angezettelt.

Manchmal »platzt« Tom, wenn er wieder ganz viele Vorleis-
tungen erbracht hat und Maria dennoch lustlos auf seine
erotischen Avancen reagiert. »Dann hau ich eben doch ab!«,
brüllt er dann, schwingt sich in der Nacht auf sein Rennrad
und bleibt für einige Stunden verschwunden. Maria indes
schläft erst ein, nachdem sie gegen Morgen hört, dass die
Wohnungstür aufgeschlossen wird. Am nächsten Morgen
bemühen sich beide um »Normalität«. Das heißt, es entsteht
keine Aussprache über das Geschehene und auch die Drohung zu gehen bleibt hinsichtlich ihrer Bedeutung »irgendwie« im Raum stehen. Doch nicht nur Tom, sondern auch
Maria tragen ihren Teil zur Unsicherheit bei: Manchmal,
wenn sie sich sehr verlassen fühlt und Tom freundlich auf sie
zukommt, beginnt sie leise zu weinen und erklärt: »Ich weiß
gar nicht, warum du so nett bist. Eines Tages wirst du mich ja
sowieso verlassen.« Je nach eigener Gestimmtheit antwortet
Tom dann mit gegenteiligen Beteuerungen oder Ärger.

In dieser Atmosphäre von Unsicherheit können beide ihre
alten Einengungen nicht überwinden, sie können nicht
wachsen. Maria wird nur schwer lernen, klar »ja« oder
»nein« zu sagen, das heißt, an Autonomie zu gewinnen,
wenn sie mit Tom zusammenbleiben möchte, jedoch die
Trennungsdrohung »irgendwie« im Raum schwebt. Tom wird
nicht lernen, seine Bedürfnisse zu formulieren und mit Maria
neue Erfahrungen machen, wenn er davon ausgehen muss,
dass seine Zuneigung für sie unglaubwürdig ist. Auf diese
Weise reichen die immer seltener werdenden Momente von
Intimität bald nicht mehr aus, um Sicherheit und Geborgenheit in der Beziehung herzustellen.

Allerdings würde auch eine Trennung nicht zur Lösung der Probleme führen. Denn beide würden »ihr Problem«, die früh in der Kindheit erworbene Einengung, »nicht verantwortlich für ihre Bedürfnisse einzustehen«, mit in die nächste Partnerschaft nehmen. Hier käme es nach kurzer Zeit zu den gleichen Problemen, die sie in ihrer jetzigen Beziehung erleben. Bleibt die Tatsache, dass Flucht Wachstum verhindert. Wobei wir ausdrücklich nicht sagen, dass Trennung immer Wachstum und Entwicklung der eigenen Persönlichkeit verhindert. Denn manchmal sind die Einschränkungen aus der eigenen Biografie, die zu den Verstrickungen in der Partnerschaft und damit zu immer mehr Verfestigung der alten dysfunktionalen Verhaltensweisen führen, so tiefgreifend, dass es – auch für die Kinder – besser ist, sich zu trennen. Auf diese Weise kann manchmal auch Trennung zu Wachstum führen.

Summa summarum: Sicherheit und Geborgenheit in der Beziehung ermöglichen die Freiheit für Wachstum und Veränderung.

Gemeinsame Werte

Gemeinsame Werte erleichtern die genannte Sicherheit und Geborgenheit in der Partnerschaft, sei das der Umgang mit Zeit, Geld, dem Beruf, mit Kindererziehung, Treue, der Art zu feiern und zu reisen sowie last not least auch mit dem Stellenwert von Sexualität und Spiritualität. Die übereinstimmende Haltung zu diesen Themen erleichtert den Gleichklang und vor allem die gegenseitige Stimulation. Unterschiede rauben oft Energie und führen manchmal zu fruchtlosen Auseinandersetzungen. Gleichzeitig bietet die mangelnde Übereinstimmung auch gegenseitigen Anreiz und Herausforderung, das allerdings nur, wenn sie auf der Basis von Respekt (siehe Seite 120) gehandelt wird. Sonst führt mangelnder Konsens allzu leicht zu Machtkämpfen oder fordert auf, »nebeneinander her« zu leben. Das heißt, jedes dieser Wertethemen kann auch dazu dienen, Nähe zu vermeiden oder eine negative Voreinstellung zur Beziehung zu verstärken.

Bei der Diskussion über die angesprochenen Werte, machen Paare häufig den Fehler, nur über das Vorhandensein eines bestimmten Wertes zu sprechen, nicht aber über die Bedeutung, die ein bestimmter Wert für sie hat.

Frank und Lisa zum Beispiel suchen einen Eheberater auf, weil Frank festgestellt hat, dass Lisa ohne sein Wissen ein Konto eingerichtet hat, auf dem sie schon seit geraumer Zeit Geld anspart. Da Geld für Frank nicht wichtig ist, hat er dies zunächst nicht bemerkt, fühlt sich aber hintergangen. Er unterstellt Lisa, sie wolle damit heimlich ihren »Abgang« vorbereiten. Besonders empört ihn das, weil die Beziehung doch so gut und harmonisch war und ist und sie zudem eine sehr erfüllende Sexualität miteinander haben. Versuche, das Thema zu klären, waren ganz schnell zu einem Wortwechsel ohne gegenseitiges Zuhören und anschließend in einen trotzigen Rückzug ausgeartet.

Im Beratungsgespräch stellt sich heraus, dass Lisa sehr schlimme Erfahrungen mit ihren immer wieder hoch verschuldeten Eltern gemacht hat und ihre Kindheit von extremen Unterschieden im Hinblick auf die materielle Versorgung geprägt war. Hatten die Eltern gerade Geld, so wurden die Kinder maßlos verwöhnt. Kurze Zeit später konnte es jedoch geschehen, dass Lisa zum Beispiel nicht am Schulausflug teilnehmen konnte, weil kein Geld da war. Sie musste sich dann Ausreden einfallen lassen, da die Eltern auf dem Image wohlhabender Leute bestanden. Eine solche Situation wollte und will sie in ihrem eigenen Leben auf jeden Fall vermeiden. Sie empfindet Franks Umgang mit Geld als verantwortungslos, obwohl er nur *auf seine Weise* mit Geld umgeht: Er gibt es gerne aus, wenn er es hat. Und »bei einer Flaute bin ich sehr bedürfnislos«, sagt er.

Lisa hat Frank zwar gelegentlich erzählt, wie schwierig das Thema Geld früher in ihrem Elternhaus war, hat aber aus der alten Scham heraus nie wirklich deutlich gemacht, wie schrecklich es für sie war. Damit einhergehend hat sie noch ein weiteres fatales Muster aus ihrem Elternhaus übernommen: Die Eltern sprachen nie wirklich über ihr Problem oder die Konflikte, die aus ihrem Umgang mit Geld entstanden. In gleicher Weise tritt Lisa Frank gegenüber nicht offen für ihre Werte und ihr Interesse ein, Geld für Notzeiten zurückzulegen, zumal sie Franks Desinteresse am Thema Geld als Widerstand gegen Sparen und als mangelnde Unterstützung interpretiert.

Im Gespräch zeigt sich, dass sie sich prinzipiell genauso gut und zufrieden in der Beziehung fühlt wie Frank und niemals die Idee hatte, Geld für sich allein »beiseite zu schaffen«, sondern es immer für einen Notfall für sie beide gedacht hat. Und da sie miteinander nie über die Bedeutung des Wertes »Geld und Sicherheit« gesprochen haben, konnten sie auch keine gemeinsame Haltung und kein entsprechendes Verhalten entwickeln; vor allem aber wurde so der Boden für Fehlinterpretationen bereitet. (Warum Frank sofort fürchtet, verlassen zu werden, ist ein Thema, was in seiner Biografie begründet ist, von uns aber hier nicht weiter aufgegriffen wird.) Nachdem dies alles in der Beratung auf dem Tisch ist, kann Frank gerne zustimmen, dass Lisa dafür sorgt, dass sie Rücklagen haben. Und Lisa kann sich vergegenwärtigen, dass Franks Umgang mit Geld nicht gegen sie gerichtet ist, sondern dass er zu Geld einfach eine andere

Einstellung hat, sich in diesem Zusammenhang aber noch nie wirklich fahrlässig verhalten hat. Gleichzeitig vereinbaren beide einen Zeitpunkt sechs Monate später, an dem sie überprüfen wollen, wie es ihnen jetzt mit dem Thema geht.

Nachdem deutlich geworden war, welche Bedeutungen für beide mit diesem Thema verbunden waren, ging die eigentliche Klärung relativ schnell.

In Beziehungen machen wir uns, wie anfänglich bemerkt, häufig vom anderen abhängig, weil wir die Bedeutungen, die ein Thema oder ein Sachverhalt für uns hat, nicht kommunizieren. Leider kann in den seltensten Fällen eine Lösung für ein Problem gefunden werden, wenn die Bedeutungen nicht klar sind. Selbstverantwortung in der Beziehung heißt daher auch, die Bedeutung zu erklären, die ein bestimmtes Thema hat, und nicht zu erwarten, dass der andere sie kennen müsse. Das bedeutet auch, den anderen so lange zu fragen, bis ich verstanden habe, was ein bestimmtes Thema für sie oder ihn bedeutet.

Übrigens: Um Bedeutung zu erfahren, ist es oft sinnvoll, zuzuhören!

Gemeinsame Ziele und Projekte

Auch gemeinsame Ziele und Projekte sind etwas sehr Verbindendes, vor allem weil die Energien beider Partner hier in die gleiche Richtung gelenkt sind. Das ist heutzutage von besonders großer Bedeutung, weil die Lebens- und Arbeitswelten von Menschen in unserer Gesellschaft oft so getrennt sind, dass die Entwicklungen von zwei Menschen sehr auseinandergehen können. Dies gilt selbstverständlich auch für arbeitsteilige Partnerschaften, in denen noch immer der Mann sich überwiegend um den

Gelderwerb kümmert und die Frau überwiegend um Haus und Kinder. Aber obwohl sich viele Väter heute sehr für ihre Kinder engagieren und auch den Haushalt nicht selbstverständlich nur der Partnerin überlassen und obwohl viele Frauen nach der Kinderpause zumindest stundenweise wieder arbeiten, ist der Arbeitsmittelpunkt dennoch häufig sehr unterschiedlich und manchmal nicht einmal mehr mitteilbar. Gerade dann wirken gemeinsame Projekte und Visionen drohender Entfremdung entgegen, beleben die Beziehung, machen gegenseitig neugierig und bewirken häufig eine neue Wertschätzung der Kompetenz des anderen. Dabei kann ein solches Projekt nicht nur die neue Wohnung, eine lange ersehnte Reise oder ein Sport sein, den man mit dem anderen gemeinsam lernt, sondern eigentlich alles, was man gemeinsam betreiben kann. Sich für ein gemeinsames Ziel einzusetzen, auch bei knappen materiellen oder zeitlichen Ressourcen, kann dann genau so ermöglichen, wieder neue Seiten am anderen zu entdecken und damit erneut eine (weitere) Facette von Bindung zu erleben wie ein gemeinsamer Filmbesuch.

Planungs- und Strukturfähigkeit

Auch Planungs- und Strukturfähigkeit sind nicht zu unterschätzende Faktoren für die Stabilität von Beziehungen. Von Planungsfähigkeit sprechen wir, wenn es einer Person gelingt, die unendlich vielen Aspekte unseres Alltagslebens, unserer Bedürfnisse, unserer Ziele und die vielen Ansprüche anderer Menschen zu koordinieren und Strukturen zu schaffen, mit denen wir uns selbst, der Partnerin und den Kindern gerecht werden. Dies wird umso schwerer, je komplexer unser Leben wird. Unterschiedliche Arbeitszeiten, beruflich verlangte Mobilität, Bildungsansprüche, Verfügbarkeit von Geld, gemeinsame Unternehmungen als Paar, Zeit für die Kinder, Pflege des sozialen Netzes, Pflege unseres Körpers und unserer Gesundheit, alles will miteinander vereinbart werden. Dazu muss man Verabredungen treffen, Zeitstrukturen festlegen und bei ihrer Einhaltung verbindlich sein. Dies alles kann gelingen oder zu vielfältigen Konflikten führen.

Haben beispielsweise zwei Menschen, die eine Partnerschaft eingehen, ein völlig unterschiedliches Verhältnis zum Umgang mit Zeit, können Zeitpläne und deren Einhaltung die eine Person frei machen, die Zeit besser zu nutzen, die andere jedoch lähmen. Zusätzlich wird die Verfügbarkeit von Zeit auch noch durch die Partnerschaft selbst und vor allem durch Kinder eingeschränkt. Geraten dieselben Menschen dann auch noch in ein Spannungsfeld zwischen beruflichen und familiären Ansprüchen und wollen gleichermaßen ihrem professionellen Selbstverständnis wie einem guten Elternbild entsprechen, fühlen sich viele durch die Ansprüche des Partners nach gemeinsamer Zeit und gemeinsamen Unternehmungen so unter Druck gesetzt, dass sie aggressiv und abwehrend reagieren. Und weil sie nicht mehr wissen, wie sie den Dingen gerecht werden sollen, führt das manchmal sogar dazu, dass selbst die notwendige Abstimmung als Einschränkung, zumindest der freien Zeit, erlebt wird! Kommt dann noch hinzu, dass man sich leicht »verzettelt«, am kreativsten ist, wenn man einfach seinen Gedanken nachhängen kann, oder verbindliche Zeitabsprachen als Machtausübung durch den anderen wahrnimmt, so endet man oft in einem Gefühl des Ungenügens. In jedem Fall aber kann das zu permanenten Querelen und Streitigkeiten führen und disharmonischer Sand im Getriebe einer

Beziehung sein. Um dem zu entrinnen, werden verzweifelte Anstrengungen unternommen, sich besser zu fühlen, indem man allen Anforderungen gerecht zu werden versucht. Dabei bleiben in der Regel die Pflege der Intimität und das Schaffen von Partnerschaftszeit auf der Strecke. Man sieht ja, wie viel der andere zu tun hat, und will ihn durch eigene Ansprüche nicht noch mehr belasten. Und erst wenn man dann nach längerer Zeit zum Beispiel der eigenen Gereiztheit seiner Partnerin gegenüber nachgeht, spürt man, wie hoch das ungelebte Bedürfnis nach Aufmerksamkeit für sich selbst eigentlich gewesen wäre.

Je angespannter eine solche Situation wird, desto mehr neigen Menschen dazu, das selbstbestimmte, autonome Verhalten zu verlassen und auf jene alten Muster zurückzugreifen, die zu Verstrickungen führen das heißt in diesem Zusammenhang zu einem Beziehungsgeflecht, in dem die Personen immer weniger zu dem kommen, was sie eigentlich wollen. Die in der Folge empfundene Verzweiflung erhöht wiederum den Anforderungsdruck und es beginnt eine Negativspirale, die sich in Ausbrüchen, Berufsabbrüchen, Ehebrüchen und sonstigen Brüchen Luft verschafft (*Abb. 2*, S. 44). Aber selbst solche dramatischen Geschehnisse können nur manchmal aufrütteln und zu einem anderen Umgang mit der Tages- und Lebensplanung führen. Sie können genauso auch zu Lebensverläufen führen, in denen sich Menschen immer isolierter fühlen und zum Beispiel zu Suchtmitteln greifen, um den Erwartungen zu entfliehen und sich nicht mehr zu spüren.

Die Bewältigung solcher Anforderungssituationen kann unseres Erachtens nur durch das Setzen gemeinsamer Prioritäten und Ziele gemeistert werden. Dazu gehört auch, dass ein Paar immer wieder darüber spricht, was jedem von ihnen die Beziehung bedeutet und welche Wer-

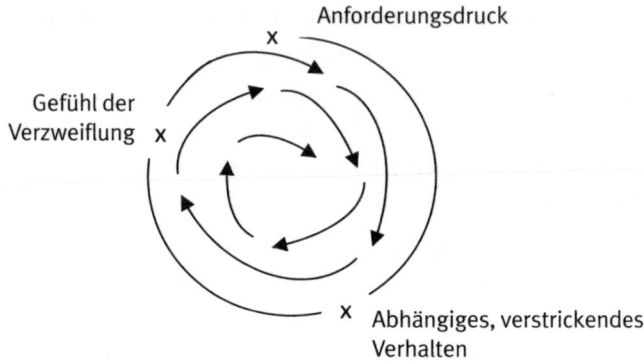

Abb. 2: Anforderungsspirale der Erwartungen

tigkeit sie im Gesamtzusammenhang ihres Lebens hat. Dabei wird dann oft sehr schnell deutlich, dass sie »eigentlich« Vorrang vor beruflichen oder sportlichen Interessen hat, das aber immer wieder unter Zeit- und Termindruck »in Vergessenheit gerät«. Zudem bestätigt sich in diesen Gesprächen häufig, wie wertvoll man sich gegenseitig ist. Hat man das wieder klar, fällt es leichter, die entsprechende Zeit für Beziehungspflege zu schaffen.

Oft haben die Ansprüche von außen, zum einen die aus dem beruflichen Umfeld, zum anderen aber auch gesellschaftlich-soziale Ansprüche, geradezu einen Sog, der die gemeinsamen Verabredungen stört. Das Paar merkt dann, dass es sein eigenes Leben oder das der Familie mitnichten autonom bestimmt. Denn der Arbeitgeber, die Firma, der Verein werden wie Personen zu bestimmenden Größen, denen man es recht machen will oder »muss«, deren Anerkennung man sucht oder denen man nicht entgegenzutreten wagt. In der Folge fühlen sich dann nicht nur einzelne Menschen fremdgesteuert, sondern bei genauer Analyse kann auch ein Paar feststellen, dass sie miteinander fremdgesteuert sind und dafür allein dem anderen bislang die Verantwortung zugeschoben haben. Bei der Eigendynamik, die die Systeme, denen wir angehören, entwickeln können, braucht man sich als Paar gegenseitig, um dem zu widerstehen.

Wolfgang zum Beispiel arbeitet als Designer in einer Werbeagentur, ist recht erfolgreich und bei Kunden, Kollegen und Vorgesetzten gleichermaßen beliebt. Er lebt seit zwei Jahren mit Jutta zusammen, die als Texterin in der gleichen Agentur gearbeitet hat, bis vor acht Monaten ihr Baby geboren wurde, was sie beide wollten und auf das sich beide gleichermaßen gefreut haben. Jutta ist noch in der Babypause, bearbeitet aber einige Aufträge von zu Hause aus. Sie kennt die Kultur in der Agentur und weiß, dass man morgens durchaus später kommen kann, dass man abends aber auch entsprechend lange bleiben muss. Eigentlich werden viele Kollegen gegen Abend erst richtig munter und kreativ. Wenn sie sich an einer Idee festbeißen, kann es leicht dazu kommen, dass man bis tief in die Nacht arbeitet, diskutiert, ausprobiert, neu entscheidet und zum Beispiel Präsentationen auch neu zusammenstellt. Danach gehen die Kollegen oft noch ein Bier miteinander trinken. Das hilft, die Energie langsam »runterzufahren«, wobei andere Sozialkontakte an dem Abend ja sowieso nicht möglich waren. Dieser Lebens- und Arbeitsstil wird von allen zumindest auf der Oberfläche bejaht und geteilt.

Schon bald nach der Geburt des Kindes merken Wolfgang und Jutta, dass es zu erheblichen Spannungen führt, wenn Wolfgang gerade nach Hause kommt, wenn Jutta zum nächtlichen Stillen wieder aufsteht. Jutta fühlt sich vom früheren Leben ausgegrenzt und fürchtet, »nicht mehr genügend mitzukriegen, was läuft«. Wolfgang fühlt sich unwohl, weil er sieht, dass er Jutta mit dem Kind so nicht viel unterstützen kann und er auch zu wenig Kontakt zu dem Baby hat. Gleichzeitig möchte er sich in der Agentur auf keinen Fall entziehen, da zu erwarten ist, dass die Designer demnächst in Gruppen aufgeteilt werden und er wahrscheinlich einer der Gruppenleiter werden könnte. Natürlich möchte Jutta ihm diese Möglichkeit nicht verbauen, denn sie ist an seiner Karriere interessiert. Das heißt, beide teilen hier einen bestimmten Bezugsrahmen: Um erfolgreich zu sein, zumindest in dieser Agentur, muss man nicht nur gute Arbeit machen, sondern auch am sozialen beruflichen Leben so teilnehmen, wie es alle machen.

Da ihre Beziehung von tiefer Liebe zueinander und zu ihrem Kind getragen ist, wollen beide die Spannungen überwinden. Sie versuchen an etlichen Wochenenden im Gespräch miteinander eine Lösung für mehr gemeinsame Zeit zu finden und vor allem auch Möglichkeiten, dass Wolfgang das Baby versorgen kann. Dabei legen sie im gemeinsamen Gespräch fest, dass Wolfgang zukünftig um 19 Uhr nach Hause gehen will, denn dann kann er das Baby baden und ins Bett bringen. Sie wollen das, obwohl es bedeuten kann, dass Wolfgang die Gruppenleiterposition nicht bekommen könnte. Jutta sagt ihm zu, dies mit ihm gemeinsam durchzustehen, auch wenn er sich dann vielleicht ein anderes Unternehmen suchen muss, bei dem er geregeltere Arbeitszeiten und Aufstiegschancen gleichermaßen sieht. Dazu wäre sie auch bereit, gegebenenfalls umzuziehen. Das würde bedeuten, dass sie nach der Babypause nicht mehr im alten Unternehmen anfangen könnte, was sie ursprünglich als selbstverständlich vorausgesetzt hatte. Zunächst spricht Wolfgang mit seinem Vorgesetzten und ist sehr erstaunt, dass dieser meint, eine Führungsposition und eine in etwa geregelte Schlusszeit der Arbeit ließen sich durchaus miteinander vereinbaren. Ihm sei wichtig, dass Wolfgang Verantwortung für die Qualität und die zeitgerechte Fertigstellung der Projekte übernimmt, und nicht, wie lange er dafür in der Firma sei. Ermutigt durch diesen Schritt, sagt Wolfgang dann den Kollegen, dass er zukünftig um 19 Uhr nach Hause gehen wolle und sie für wichtige Themen bitte vorher auf ihn zukommen sollten. Die Bemerkung »Das Spießigwerden geht ja bei dir schnell«, die eine Kollegin äußert, trifft ihn sehr, aber er sagt nichts dazu.

Abends spricht er mit Jutta darüber, die ihn gut verstehen kann. »Spießig sein« wollten sie beide nie. Aber nun merken sie, wie ihr scheinbar freies Leben durch Planungsnotwendigkeiten eingeengt wird. Gleichzeitig spüren sie, dass auch die Unternehmenskultur seiner Firma keine wirkliche Freiheit mit sich bringt, sondern nur andere Regeln hat und eine Person, die nicht mitmacht, zum Außenseiter, zum »Spießer« abstempelt. Diese an sich harte Erkenntnis bestätigt sie, in besonderem Maße auf die Balance in ihrem Lebensgefüge als Paar zu achten. Denn dieses hat sich durch das gewollte Kind verändert und sieht jetzt anders aus als die Lebenssituation der Kolleginnen und Kollegen: Jutta und Wolfgang wollen zuerst ihrem eigenen Gefüge gerecht werden. Durch diese Erkenntnis wachsen sie nicht nur als Paar, sondern auch individuell: Sie werden autonomer. Dabei wirkt sich die als Paar gewonnene Freiheit beruflich zunächst auf Wolfgang aus: Er wird klarer und bestimmter, was der übernommenen Leitungsfunktion zugutekommt. Denn hier muss er Entscheidungen treffen, die sich nicht mehr damit vereinbaren lassen, »everybody's darling« zu sein. Jutta entscheidet infolge der zusätzlich gewonnenen Autonomie, dass sie sich nach der Babypause selbstständig machen wird, weil sie das jetzige Kind und ein zweites, was sie noch haben möchten, dann besser mit der beruflichen Tätigkeit vereinbaren kann.

Insgesamt sind bei diesem Paar aus der Zeitplanung individuelle wie gemeinsame Entwicklungsschritte erwachsen. Dabei haben sie Ziele und Prioritäten definiert, viele Dialoge geführt, Fürsorge füreinander gezeigt, und gleichzeitig eine Konfliktlösungsgeschichte begonnen, auf die sie aufbauen können.

> Übrigens hat Wolfgangs Verhalten sein Ansehen im Unternehmen gefestigt. Nach ihm begannen auch andere die Selbstverständlichkeit der geteilten Freizeit nach Arbeitsende infrage zu stellen, zumal dann auch noch andere Mitarbeiter Eltern wurden.

Planungsfähigkeit und Autonomie hängen nach unserer Erfahrung oftmals eng zusammen. In den Unternehmen, die wir beraten, begegnen wir immer wieder Führungskräften, die den Stellenwert ihrer Familien auch in ihrer Zeitplanung deutlich machen. So sind sie zum Beispiel nicht bereit, vor 8:30 Uhr Termine zu vereinbaren, weil sie zunächst ihre Kinder in den Kindergarten oder in die Schule bringen wollen. Doch haben wir noch nie erlebt, dass es einer Karriere schadet, wenn eine Person gleichzeitig Verantwortung übernimmt und weiß, was sie will. Gleichwohl erleben wir – leider – oft Frauen, die häufig die Kinder vorschieben, um bestimmte herausfordernde Aufgaben nicht zu übernehmen. Genau diese Frauen beklagen sich dann aber über mangelnde Karrierechancen, wobei in diesen Fällen eher alte Erfahrungen im Bereich der Selbstbestimmung und im Umgang mit den eigenen Fähigkeiten die Entwicklung von selbstbestimmter Lebensführung behindern als reale Widerstände oder Beschwernisse.

Konfliktfähigkeit

Auch Konfliktfähigkeit ist aus unserer Sicht eine der wichtigen Fähigkeiten, um aus der Liebe füreinander Beziehung und Bindung erwachsen zu lassen. Ist das eine Standbein der Beziehung die Liebe und Zuneigung zueinander, was die Attraktivität füreinander einschließt, ist das andere Standbein die sogenannte Konfliktlösungsgeschichte, die ein Paar miteinander gestaltet.

Konfliktfähigkeit bedeutet in diesem Zusammenhang, eine Unvereinbarkeit im Denken und Handeln mit dem Denken und Handeln meines Partners im ersten Schritt wahrzunehmen und auszusprechen sowie auch die Gefühle, die ich dabei spüre, deutlich zu machen. In einem zweiten Schritt zeigt sich Konfliktfähigkeit darin, meinen anderen Standpunkt zu dem betreffenden Thema zu artikulieren. In einem dritten Schritt höre ich auf die Reaktion des anderen und bin bereit, dessen Standpunkt aufzunehmen und nachzuvollziehen, auch wenn ich ihn nicht unbedingt teile.

In jedem tiefgreifenden Konflikt, der mit hoher emotionaler Erregung einhergeht, ist dies bereits Schwerstarbeit: sich selbst zu vertreten bei gleichzeitiger Bereitschaft, dem anderen zuzuhören. Geschieht dies beidseitig und schafft man dabei den Raum, wirklich gegenseitig auf den anderen zu hören und erst dann zu reagieren, kann man schrittweise zu einem Dialog kommen, das heißt zu einem Gespräch, in dem sich durch »Rede« und »Gegenrede«, wie es so schön bei der Definition des Dialoges heißt, herauskristallisiert, was »wirklich ist«. Ein gutes Beispiel für eine solche Lösungsmöglichkeit zeigt der folgende Konflikt:

Gerd, ein engagierter Grundschullehrer, ist verheiratet mit Anne. Sie war früher Hauswirtschaftsleiterin, hat aber den Beruf mit der Geburt des ersten Kindes aufgegeben. Jetzt haben sie zwei Kinder von drei und fünf Jahren. Obwohl es eine gemeinsame Entscheidung war, dass Anne den Beruf aufgibt, um sich »voll und ganz« auf die Kinder zu konzentrieren, fühlt sie sich oft unausgefüllt. Der familiäre Haushalt ersetzt nicht die Großküche, die sie früher geleitet hat. Zudem hat sie oft den Eindruck, dass die Schulkinder und sein pädagogisches Engagement für Gerd wichtiger sind als sie und die eigenen Kinder. Immer häufiger wirft sie ihm vor, dass er zu spät nach Hause komme, weil ihn auch nach Schulschluss Schulthemen noch mehr interessierten als das gemeinsame Mittagessen zu Hause. Und de facto ist es auch so, dass Gerd sich manchmal noch Aufgaben nach dem Unterricht sucht, um nicht so schnell nach Hause »zu müssen«. Er erlebt sich dann richtig trotzig und seinem dreijährigen Sohn sehr nahe. Einem Freund gesteht er, dass er auch gar nicht so schnell nach Hause wolle, denn »dann käme ja wieder das ganze Gemecker«. Allerdings könne er sich diesen Missklang gar nicht erklären, denn am Wochenende sei es immer sehr harmonisch.

Anne wiederum kann überhaupt nicht verstehen, warum er so wenig Interesse an der Möglichkeit zeigt, gemeinsam das Mittagessen einzunehmen. Eines Tages kommt es zu einem Riesenkrach, an dessen Ende er laut schreit: »Und damit du es nur weißt: Ich will auch gar nicht nach Hause kommen!« Dann rennt er raus und knallt die Tür zu. Damit ist »seine Wahrheit« zumindest benannt und er muss keine unaufschiebbaren Tätigkeiten mehr vorschützen, sondern kann zu sich und seinen Empfindungen stehen. Obwohl Anne zunächst entsetzt ist, finden sie am Abend eine Möglichkeit, über die Situation zu sprechen. In diesem und weiteren Gesprächen wird deutlich, wie eingeengt Gerd sich fühlt, weil hinter der Aufforderung, baldmöglichst zum Mittagessen zu kommen, viele unbefriedigte Grundbedürfnisse seiner Frau stecken, deren Tagesablauf nur durch die Kinder bestimmt wird. Gleichzeitig haben beide den Eindruck, der andere wolle bestimmen, das heißt Macht ausüben. Sie erlebt: Gerd will zeigen, dass er macht, was er will. Er erlebt: Sie will, dass ich mich ihren Regeln unterordne. Alles hat so zu laufen, wie die »Hauswirtschaftsleiterin« das vorschreibt.

Beide kennen das Gefühl von Ohnmacht dem anderen gegenüber nicht erst aus der Partnerschaft. Anne fühlt sich an ihren despektierlichen Vater erinnert, der Regeln für die Familie aufstellte, die für ihn nicht galten. Gerd war froh, nach dem Abitur seiner »liebevoll versorgenden« Mutter entfliehen zu können, die in wohlwollender Fürsorge alle Abläufe im Leben ihres Sohnes bestimmte. Aufgrund ihrer im gemeinsamen Dialog erworbenen Erkenntnisse können Gerd und Anne eine Vereinbarung treffen, mit der beide zufrieden sind: Er wird zukünftig sofort nach Schulschluss anrufen, ob er pünktlich zum gemeinsamen Essen kommen wird, sodass es sinnvoll ist, auf ihn zu warten, oder nicht. Anne ihrerseits wird die Tagesplanung nicht mehr von seinem Schulschluss abhängig machen, sondern mit den Kindern vorher essen, wenn sie etwas Bestimmtes unternehmen oder erledigen möchte.

Das heißt, beide haben sich für das beschriebene Problem Freiräume und Handlungsalternativen geschaffen und damit die erlebte Abhängigkeit aufgelöst.

Darüber hinaus haben sie dadurch einen weiteren Meilenstein in der Beziehung gesetzt, dass sie miteinander ein Problem gelöst haben, an dem sie beide beteiligt waren. Und wie schon angesprochen, ist die gemeinsame Problemlösungsgeschichte ein wichtiger Stabilisator der Liebe. Keine Beziehung ist ohne Probleme. Aber das Lösen von Problemen wie in diesem Beispiel lässt beide Partner im Sinne von Autonomie ein Stück wachsen. Bewusstheit über die eigenen Empfindungen und das Gespräch darüber, in dem Verantwortung für sich selbst übernommen wird, führen zu neuen Handlungsmöglichkeiten. Gleichzeitig entsteht im gemeinsamen Suchen Intimität. Genau damit untermauern wir in langen Beziehungen die Liebe. Kommt es nicht zu diesen Erfahrungen gemeinsam gelöster Probleme, so kann der Problemberg die Liebe überwältigen und zur Trennung führen.

Sind Sie primär an weiteren Einflüssen interessiert, die auf Beziehung und Partnerschaft einwirken, lesen Sie weiter auf Seite 59. Wollen Sie gerne mehr über die Erscheinungsformen und Hintergründe wesentlicher Faktoren, nämlich Macht, Ohnmacht und Kontrolle erfahren, lesen Sie hier weiter.

Macht, Ohnmacht und Kontrolle: ein Exkurs

Ein Kernthema problematischer Partnerschaft kreist um die Aspekte Macht, Ohnmacht und Kontrolle. Und auch dieser Konfliktherd ist in der Regel tief in der Kindheit verursacht, wird aber in Beziehungen ausgelebt und verstärkt.

Macht als solche ist bekanntlich weder positiv

noch negativ, selbst wenn die gesellschaftlich übliche Konnotation sie gerne mit Machtmissbrauch oder Gewalt gleichsetzt und in der Folge als destruktiv behandelt. Wir selbst definieren, in Anlehnung an Rosa Krausz (1989), »Macht« als Fähigkeit und Kraft, Handlungen anderer, seien das Gruppen oder Individuen, zu beeinflussen. Anders ausgedrückt: Macht beinhaltet für uns die Kraft, etwas zu bewegen beziehungsweise zu bewirken. Ohnmacht meint entsprechend, ohne Macht zu sein, das heißt, nichts bewirken zu können. Kontrolle im Zusammenhang mit Macht beschreibt ein Verhalten, durch das man den anderen dazu bewegen möchte, etwas zu tun, was dieser anscheinend freiwillig nicht tun möchte. Kontrolle ist sozusagen die Ersatzhandlung, wenn man sich ohnmächtig fühlt und den Eindruck hat, beim anderen nichts bewegen zu können, aber dennoch bewirken will, dass er etwas Bestimmtes tut.

Ein Ehepaar hat ein gemeinsames Auto. Mehrfach hat der Mann seine Frau gebeten, es abends nicht mit leerem Tank vor die Tür zu stellen beziehungsweise ihn dann wenigstens zu informieren, dass der Tank leer ist. Denn wenn er ungeplant am nächsten Morgen vor Dienstbeginn noch tanken muss, kommt er leicht zu spät, was für ihn so viel Stress bedeutet, dass er im Laufe des Vormittags lange Zeit braucht, um sich zu beruhigen. Trotzdem geschieht es immer wieder, dass seine Frau vergisst, zu tanken oder ihn zu informieren.

Zunächst nutzt der Mann das einfachste »Machtmittel«: Er spricht mit seiner Frau und sie gelobt Besserung. Nachdem er aber mehrfach erlebt, dass das Gespräch nichts nutzt, spricht er sehr klar seinen Ärger aus und macht noch einmal deutlich, wie sehr ihn der leere Tank beeinträchtigt. Als es dennoch wieder geschieht, dass der Wagen ohne Benzin vor der Tür steht, sagt er gar nichts mehr und spricht dafür aber drei Tage lang mit seiner Frau kein Wort mehr. Damit greift er in seiner Ohnmacht zu dem Mittel zurück, das sein Vater seiner Mutter gegenüber angewendet hat, wenn er diese zu einem bestimmten Verhalten bewegen wollte. Genau das ist auch sein Ziel: Er will mit seinem Verhalten ihr Verhalten »unter Kontrolle« bringen. Das wiederum lässt den Konflikt eskalieren, denn die Ehefrau fühlt sich wegen der »Lappalie des leeren Tanks« völlig ungerechtfertigt bestraft und greift ihrerseits zu Kontrollverhalten, um ihn endlich dazu zu bewegen, wieder mit ihr zu reden: In der Folge schreit sie ihn abends an, wenn er nach Hause kommt, und knallt die Türen.

Das genannte Empfinden von Ohnmacht dem anderen gegenüber kann mit allen Themen einer Beziehung verbunden sein. Es taucht besonders da ganz leicht auf, wo der andere sich nicht so verhält, wie man es gerne möchte, oder uns emotional – scheinbar – etwas vorenthält, was man gerne spüren möchte. Manchmal wird es auch dadurch ausgelöst, dass man meint, nicht das Werkzeug zu haben, um sich dem anderen so verständlich zu machen, dass er einem entgegenkommen kann; sichtbar beispielsweise in Äußerungen wie »Ich kann nicht richtig ausdrücken, was ich meine« oder »Ich sag ja doch immer das Falsche!«. Ebenso oft wird dem anderen auch die Verantwortung dafür zugeschoben, dass man nicht mit ihm ins Gespräch kommt. »Ich kann ihr gar nicht sagen, was ich will, weil sie immer gleich anfängt zu weinen« oder »Er hört mir gar nicht zu« sind solche Äußerungen, die dem anderen die Ursache für die erlebte Ohnmacht zuschieben.

Die Erfahrung, nichts bewegen zu können, hat meistens tiefe Wurzeln in der eigenen Kindheit. Stellen Sie sich ein Baby vor, das Hunger hat. Es schreit! Dies ist seine Macht, etwas zu bewegen. Das heißt, es nutzt seine Mittel, um sein Bedürfnis zu befriedigen. Kommt dann die erwachsene Bezugsperson und stillt den Hunger, so erlebt das Baby, dass seine Äußerungen »etwas genutzt haben«. Es macht die Erfahrung, dass es mit den ihm zur Verfügung stehenden Mitteln etwas bewirken kann. Kommt niemand, um auf sein Schreien zu reagieren, macht es die gegenteilige Erfahrung, nämlich nichts bewirken zu können, ohnmächtig zu sein. Dabei könnte es zum Beispiel in diesem Zusammenhang auch lernen, möglichst still zu sein und immer nur abzuwarten, weil *nur* dann die Erwachsenen irgendwann reagieren. Als Erwachsener wird sich dieses Kind immer dann, wenn es Bedürfnisse spürt, in besonderer Weise zurückziehen, um durch dieses »Kontrollverhalten« die anderen dazu zu bewegen, seine Bedürfnisse zu befriedigen.

Wie schon im Zusammenhang mit Autonomie erwähnt, macht das Kind vielfältige Erfahrungen nicht nur im Zusammenhang mit der Befriedigung seiner

Bedürfnisse, sondern ebenso auch im Umgang mit Macht, Ohnmacht und Willkür. Entsprechend entwickelt es Muster, wie es vermeintlich die anderen bewegen kann, seine Bedürfnisse zu befriedigen, selbst wenn diese es offensichtlich nicht wollen. »Vermeintlich« allerdings insofern, als das Verhalten der Erwachsenen mit kindlicher Logik und Übergeneralisierung interpretiert und verallgemeinert wird: Mutter kommt dann beispielsweise, weil sich das Kind »endlich still verhält«, nicht aber, weil sie tatsächlich so mit ihrem eigenen Problem beschäftigt war, dass sie das Kind vorher gar nicht gehört hat. Für dieses Kind jedoch setzt sich fest: »Um meine Ohnmacht zu überwinden, muss ich still sein.« Wobei diese Generalisierung nicht im Sinne eines Wortlautes, sondern einer selbstverständlichen Einstellung in das Erwachsenenleben mitgenommen und dann aktualisiert wird, wenn man sich ohnmächtig fühlt.

In der Realität erlebt man sich als Erwachsener umso häufiger machtlos, je mehr man als Kind die eigene Machtlosigkeit erfahren hat. Situationen, in denen sich der andere anders verhält, als man möchte, werden dann später schnell als Machtlosigkeit beziehungsweise Machtausübung des anderen erlebt, gegen die man das früh gelernte Kontrollverhalten einsetzen muss. Dabei kann dieses Kontrollverhalten die unterschiedlichsten Ausprägungen haben. Es kann nicht nur »still«, sondern auch laut und rebellisch sein. Eine andere Form ist der kindliche Trotz, der in seiner gesunden Ausprägung Ausdruck von »Ich will« ist und in starkem Maße zeigt, dass das

Kind mit seiner Kraft etwas bewegen will. Je nachdem, wie mit diesen gesunden Willensäußerungen umgegangen wird, kann trotziges Verhalten jedoch sehr wohl auch in Kontrollverhalten umschlagen, das, geschickt eingesetzt, die anderen zu absoluter Ohnmacht führt.

Darüber hinaus lernen Kinder auch durch das Modell der Eltern, mit welchen Verhaltensweisen sie versuchen sollten, den anderen zu bewegen. Auf diese Weise lernen zum Beispiel viele Kinder, die eigene Angst, die mit der Ohnmacht gekoppelt ist, durch lautes, autoritäres, abwertendes Verhalten abzuwehren und den anderen damit zu zwingen, sich an die eigenen Wünsche anzupassen. Denn ohne Macht eigenen Bedürfnissen oder anderen Menschen ausgeliefert zu sein ist bedrohlich und beinhaltet immer auch Angst, selbst wenn viele Menschen die Angst, die mit der Ohnmacht einhergeht, nicht deutlich wahrnehmen. Nicht umsonst zeigt jedoch die Stressforschung, dass eine bedrohliche Situation, in der kein Ausweg oder keine Handlungsalternative gesehen wird, Angst produziert und als der größte Stressfaktor gilt.

Auf Partnerschaft übertragen heißt das: Je abhängiger wir uns von unserem Partner fühlen, umso tiefgreifender ist die Angst, ihn nicht bewegen zu können, da wir unsere Abhängigkeit – zu Recht – so erleben, als hätten wir keine Handlungsalternativen. Insofern versucht man dann, durch das Kontrollverhalten nicht nur den anderen zu bewegen, sondern auch der eigenen Angst Herr zu werden.

Zum Machtkampf wird dieses Kontrollverhalten dann, wenn auch die Partnerin ihrerseits ihre Kontrollmechanismen einsetzt, wie im Beispiel des Autos und des leeren Tanks zu sehen ist. Dabei ist es unwesentlich, ob eine Person leise, zum Beispiel mit Rückzug, und die andere laut, zum Beispiel mit autoritären Befehlen, »in den Kampf« gehen. Der Kampf entsteht und wird verstärkt, indem jede der beteiligten Personen immer mehr von ihren Geschützen, ihren Kontrollverhaltensweisen, zum Einsatz bringt. Der Ehemann aus unserem Beispiel würde immer länger schweigen, sie immer heftiger schreien. Das heißt, beide intensivieren ihre Verhaltensweisen. Dabei verschärft sich der Kampf auch deshalb, weil jede Seite ein Einlenken, wie zum Beispiel den Versuch, einen Dialog herzustellen, in diesem Zusammenhang als Niederlage empfinden und sich damit wieder dem bedrohlichen Empfinden von Ohnmacht annähern würde. Daher können solche Machtkämpfe bis zur Trennung und ebenso auch zum wirtschaftlichen Ruin führen. Anders ausgedrückt: Machtkämpfe führen zu keiner Klärung anstehender Probleme, sondern bewirken und stabilisieren den Untergang!

Als Mittel zur Lösung anstehender Probleme können vielmehr all jene Möglichkeiten gelten, die wir im Zusammenhang mit gelingenden Partnerschaften angedeutet haben und später (ab Seite 95) ausführlicher vorstellen werden, allen voran die Übernahme von Verantwortung für das eigene Denken, Fühlen und Handeln.

Liebe und Beziehung:
Illusion oder Wirklichkeit?

Gesellschaftliche Bedingungen für Illusion und Wirklichkeit von Partnerschaften

Folgen wir den Ausführungen des Soziologenehepaars Ulrich Beck und Elisabeth Beck-Gernsheim über »Das ganz normale Chaos der Liebe« (1990/2005), so leben wir in einer Gesellschaft, die im Zusammenhang von Liebe und Partnerschaft an ein Chaos erinnert. In ihr wird Partnerschaft nicht mehr als »eine vom Willen des Gatten unabhängige sittliche und rechtliche Ordnung« (S. 12) angesehen, wie das noch im Bürgerlichen Gesetzbuch gegen Ende des 19. Jahrhunderts festgeschrieben wurde. Ihr kennzeichnendes Stichwort für die Sicht auf das Verhältnis zwischen Individuum und Gesellschaft lautet vielmehr »Individualisierung«: Menschen lösen sich aus traditionellen Vorgaben, Sicherheiten und Kontrollen zugunsten von Selbstbestimmung und eigener Entscheidung heraus.

Für Liebe und Partnerschaft bedeutet dies, dass jedes Paar eigene Lebensformen bezogen auf Familie, Ehe, Elternschaft, Liebe, Sexualität und Erotik neu definieren und entsprechende Regeln entwickeln muss. »Die Individuen selbst, die zusammen leben wollen, sind oder, genauer: *werden* mehr und mehr die Gesetzgeber ihrer eigenen Lebensform, die Richter ihrer Verfehlungen, die Priester, die ihre Schuld wegküssen, die Therapeuten, die die Fesseln der Vergangenheit lockern und lösen. Aber auch die Rächer, die Vergeltung üben an erlittenen Verletzungen. Liebe wird eine Leerformel, die die Liebenden selbst zu füllen haben ... auch wenn dabei der Schlagertext, die Werbung, das pornographische Script, die Mätressenliteratur, die Psychoanalyse Regie führen« (2005, 13). Die damit offerierte Freiheit beinhaltet gleichzeitig ein ungeheures Konfliktpotenzial, da keine allgemeingültige Moral mehr bestimmt, sondern jeder und jede selbst die Verantwortung für das übernehmen muss, was er oder sie will, »entlassen – in eine Einsamkeit der Selbstverantwortung, Selbstbestimmung und Selbstgefährdung von Leben und Lieben, auf die sie nicht vorbereitet und von den externen Bedingungen, den Institutionen auch nicht ausgerüstet sind« (2005, 13). Mit der offenkundigen Folge, dass auch die dazu notwendige Autonomie bei vielen Menschen sich nicht in der gleichen Geschwindigkeit entwickeln und wachsen konnte, in der die traditionellen Vorgaben außer Kraft gesetzt wurden. Alles zusammen erzeugt ein Empfinden von Überforderung der Autonomie, in deren Folge einerseits die Hoffnung auf Zweisamkeit als letzte übrig gebliebene Institution anwächst, andererseits aber auch das Empfinden, vom Partner abhängig zu sein, intensiviert. Um es noch einmal mit Elisabeth Beck-Gernsheim zu sagen: »Je mehr andere Bezüge der Stabilität entfallen, desto mehr richten wir unser Bedürfnis, unserem Leben Sinn und Verankerung zu geben, auf die Zweierbeziehung ... auf einen anderen Menschen, diesen Mann, diese Frau« (2005, 71). »Wenn er doch nur wollte, könnte ich glücklicher sein.« So sprechen es Paare uns gegenüber aus. Gerät auch das noch ins Schwanken, und kann es auch mittels der zuvor beschriebenen Kontrollmechanismen nicht mehr aufgefangen und wieder stabilisiert werden, eskalieren die Konflikte. Lösungen werden häufig nicht in, sondern durch Beendigung der Beziehung gesucht.

Dass sich die gesellschaftlichen Prozesse in Richtung Individualisierung entwickelt haben, lässt sich nicht mehr zurückdrehen. Und das wollen sicher auch die wenigsten Menschen. Was uns jedoch an diesem Prozess auffällt, ist insofern eine Halbherzigkeit der Entscheidungen, als im Hinblick auf die ersehnte Zweierbeziehung häufig Hintertüren zur Trennung offen gelassen werden.

Eine dieser Hintertüren kann verriegelt werden, indem die Partner sich bewusst und freiwillig durch ihr »Ja« zur Abhängigkeit von und miteinander verpflichten. Gemeint ist natürlich nicht die Abhängigkeit, vom anderen versorgt zu werden. Sondern es geht um das »Ja« zur Abhängigkeit in der Partnerschaft als ein bewusstes Anerkennen des existenziellen Miteinander-Verflochtenseins und der Notwendigkeit zur gegenseitigen Abstimmung in den meisten der zuvor genannten Bereiche. Und dieses beinhaltet beides: Die Freiheit, mich wirklich in die Beziehung einzulassen, und die Freiheit, diese zusammen mit dem anderen zu gestalten.

Dieses bewusste »Ja« zur Abhängigkeit wird von den wenigsten Paaren hinsichtlich seiner Bedeutung und Folgen individuell durchdrungen. Es wird schon gar nicht im gesellschaftlichen Diskurs unterstützt, sondern in aller Regelmäßigkeit zum einschränkenden Gefängnis umgedeutet. Dies lässt die Liebe in Enttäuschungen, Missverständnissen und unausgedrückten Gefühlen versanden und verbaut die Möglichkeiten zu persönlichem Wachstum, das heißt, zur eigenen Meinung und den eigenen Bedürfnissen zu stehen sowie sich und den anderen ernst und wichtig zu nehmen. Es verhindert ebenso, dass man

miteinander lernt, die Fähigkeit zur konstruktiven Auseinandersetzung zur inneren Stärke und zum Stabilisator
der Beziehung zu entwickeln. Es mindert zudem die Möglichkeit, durch gute Erfahrungen mit Auseinandersetzungen Positivität, das heißt Stimulation, Freude und immer
wieder Liebe, in die Beziehung zu bringen. Nur die klar
ausgesprochene Verpflichtung zum Wachstum kann den
Verlockungen der Individualisierung »trotzen« und diese
Hintertür von Trennung auch in Krisenzeiten schließen.

Gerade die von uns betonte Notwendigkeit, die Beziehung und ihre Elemente zum Thema zwischen einem Paar
zu machen, wird häufig auch deswegen nicht wahrgenommen, weil die Welt der Bilder, in der wir leben, uns glauben
machen will, dass Liebe bedeutet, »ohne Absprache ineinander zu verschmelzen«. Das heißt, die immer noch herr-
schende »Casablanca-Romantik« verschleiert, dass Beziehung auch »Beziehungsarbeit« beinhaltet und dass es gilt,
das Geschenk, das uns mit der Liebe widerfährt, sorgsam zu
pflegen.

Dem entgegengesetzt untermauert die Kraft der uns umgebenden Bilder den idealisierten und überhöhten Stellenwert, den die Liebe und Bindung zweier Menschen in
unserer individualisierten Welt dadurch erhält, dass »die
Idealisierung der Partnerliebe in eine religiöse Dimension
hineinzureichen [scheint]«. Dadurch soll einerseits der
Wertewandel, der vielerorts eine Abkehr von traditionell
christlichen Vorstellungen beinhaltet, kompensiert und andererseits das spirituelle Bedürfnis gestillt werden, das in
der Gesellschaft keine Adressaten mehr hat. Zudem soll die
Partnerschaft beziehungsweise der andere die Leerstellen
füllen, die früher durch selbstverständliche soziale Bindungen wie Nachbarschaft oder Klassenzugehörigkeit und besonders die Großfamilien gegeben waren, heute aber vor

allem durch die oft existentiell notwendige Mobilität ihre tragende Bedeutung verloren haben. Auf diesem Hintergrund werden auch die Bedürfnisse nach Sinn und Geborgenheit, nach einem Aufgehobensein in der Welt nicht mehr durch unterschiedliche Beziehungsgefüge abgedeckt. »Gott nicht, Priester nicht, Klasse nicht, Nachbar nicht, dann wenigstens Du« (Beck 2005, 49), scheint sich in diesem Zusammenhang als einziger Ausweg aufzutun.

Entsprechend ist die Instabilität in heutigen Beziehungen weniger eine Folge von Bindungslosigkeit oder Bindungsunfähigkeit, sondern »vielmehr die Konsequenz des hohen Stellenwertes der Beziehungen für das persönliche Glück« bis hin zur quasi-religiösen Überfrachtung beigemessen wird (Schmidt 2004, 98). Damit überfordern sich die Partner in ihren Beziehungen gegenseitig; die sich daraus ergebende Bitterkeit und Enttäuschung führt häufig zur Trennung, um jemanden zu suchen, der dieser Überfrachtung, die keinem der Partner selbst bewusst ist, standhält.

Was den Partnern meistens unklar ist, ist ihr eigenes »Anheizen« der Enttäuschungssituation beziehungsweise die Beschleunigung ihrer gegenseitigen Entfremdung: Sie leben in Phasen der zunehmenden Frustration die alten, destruktiven Beziehungsmuster, die sie aus ihrer Biografie mitbringen, anstatt Formen einer respektvollen Kommunikation (siehe *Abb. 3*, S. 64) zu entwickeln. In der Folge muss das Paar mit den gesellschaftlichen und biografischen Einflüssen fertig werden, ohne das entsprechende Werkzeug zu haben. Dann liegt es oft näher, Liebe, Beziehung und Bindung – zumindest an diesen Partner, diese Partnerin – als Illusion zu »entlarven« und zu gehen, als sich der mühseligen Arbeit zu stellen, die für Klärung und Verstehen, aber auch für persönliches Wachstum und Entwicklung der eigenen wie auch gemeinsamen Autonomie notwendig ist.

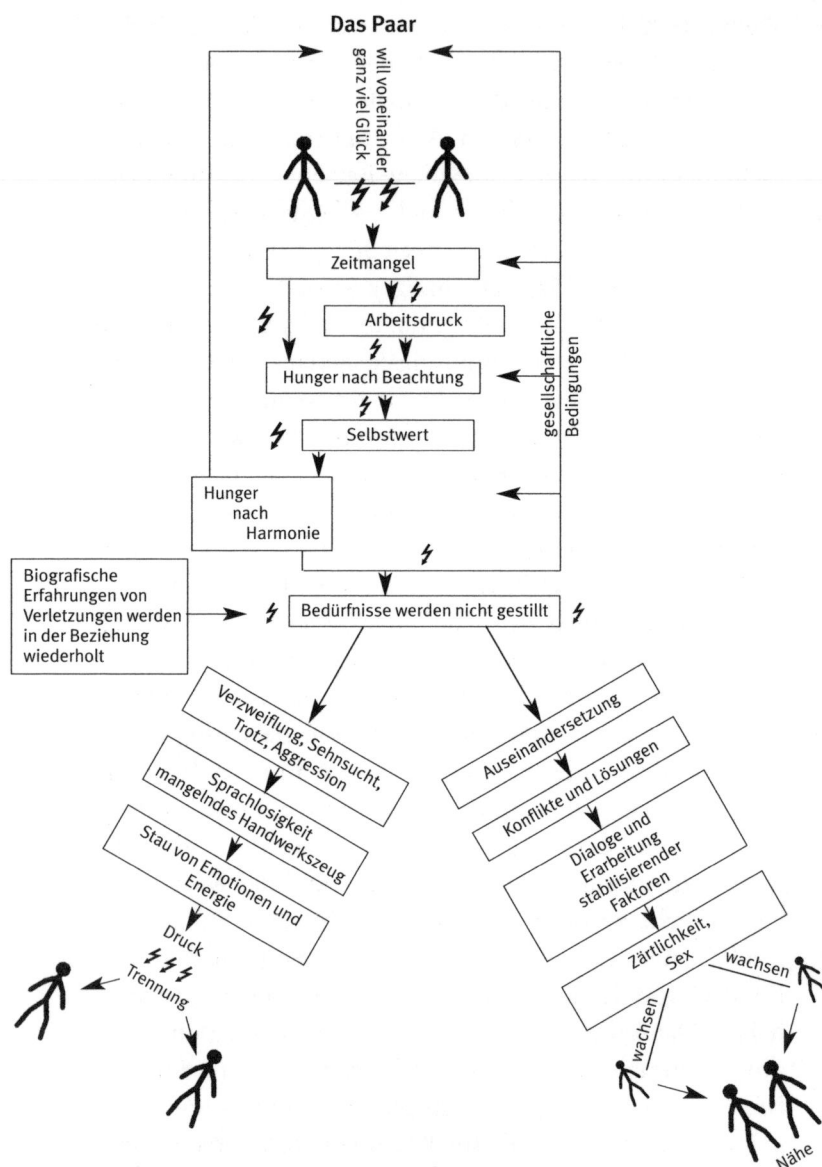

Abb. 3: Paare im Spannungsfeld
zwischen Illusion und Wirklichkeit

Bilderwelten als Ausdruck der gesellschaftlichen Bedingungen

Mit den zuvor geschilderten Abläufen sind die möglichen Komplikationen keineswegs vollständig und detailliert genug benannt. Der Einfluss der Bilder beispielsweise ist weitaus stärker und weit reichender, als aus unserer kurzen Erwähnung ersichtlich. Dabei denken wir zunächst einmal an jene Bilder, die wir alle als Frau oder Mann von uns selbst wie auch vom anderen Geschlecht mit uns herumtragen und die ihrerseits, mit entsprechendem Rollenverständnis angereichert, darüber mitentscheiden, wie man als Mann oder Frau in unserer Gesellschaft zu sein hat.

Unter einer Rolle versteht man die Summe aller Erwartungen, die an eine bestimmte Person in einer bestimmten Situation gerichtet werden, einschließlich der Erwartungen, die diese Person an sich selber hat. Entsprechend gibt es Rollenerwartungen an Männer und an Frauen in unserer Gesellschaft. Diese thematisieren jeweils spezifische Aspekte der Person, zum Beispiel die Frau als Geliebte, als Mutter, in ihrem Beruf, als Freundin usw. Gleiches gilt für den Mann. Auch er vereinigt unterschiedliche Segmente mit entsprechenden Erwartungen. Die aus vielen Positionen gemischten Erwartungen ergeben dann die genannten Bilder, wie man als Mann oder Frau in unserer Gesellschaft zu sein hat. (Homosexuelle leben natürlich unter den gleichen gesellschaftlichen Bedingungen und haben teils gleiche, teils aber auch andere Rollenerwartungen beziehungsweise Rollenverständnisse, auf die wir hier nicht gesondert eingehen.)

Folgen wir diesen Bildern, das heißt, verhalten wir uns so, wie wir meinen, dass man es von uns erwartet, fühlen wir uns in der Regel mit den gesellschaftlichen Erwartungen konform. Dennoch bedeutet die gesellschaftliche Konformität keineswegs immer, dass unser Bild von Liebe auch konstruktiv für eine Partnerschaft ist.

Jürgen leitet die Produktion in einer kleinen Möbelfabrik. Er arbeitet »rund um die Uhr« und ist sehr stolz darauf. Denn er will etwas leisten und zeigen, dass er zum Gewinn beiträgt. Dazu hat er sich klare Ziele gesetzt, die er meistens auch erreicht. Leider war das nicht immer so, denn mit seiner eigenen Schreinerei musste er vor einigen Jahren Insolvenz anmelden. Deswegen lebt er jetzt zusammen mit seiner Frau Lisa und den beiden Töchtern, die sieben und neun Jahre alt sind, am Existenzminimum, obwohl er eigentlich gut verdient. Einziger Trost ist das Wissen, dass die Insolvenz in zwei Jahren abgeschlossen sein und das ganze Einkommen dann für ihn und die Familie zur Verfügung stehen wird.

Seine Werte (innere und äußere Rollenerwartungen) waren damals wie heute die gleichen: ökonomischer und beruflicher Erfolg. Solange er dies in seiner alten eigenen Firma hatte, war er mit sich im Reinen, da er allen Erwartungen entsprach. Umso mehr muss er jetzt arbeiten, um seinen Einbruch, die »Insolvenzschlappe«, wiedergutzumachen. Auch zu Hause muss er entsprechend seines Selbstbildes viel leisten, vor allem um seine Frau zu unterstützen, die neben ihrer Tätigkeit in der Schule noch viele Nachhilfestunden gibt, um die Haushaltskasse aufzubessern. Um sich ihr gegenüber nicht als »Schlappschwanz« zu empfinden, versucht er, möglichst viele Probleme allein zu lösen, und hat grandiose Vorstellungen davon, wie stark er ist und wie viel er leisten kann. Wenn Lisa mit ihm darüber sprechen möchte, wie es ihnen beiden in der Beziehung geht, so versteht er nicht, was sie will, es sei doch alles in Ordnung. Zumal er doch wirklich nichts außer der Reihe für sich »beansprucht«. Das Einzige, was er sich »gönnt«, ist mehrmals in der Woche laufen zu gehen. Dabei hat er eine Laufpartnerin, die ihm sehr wichtig ist und mit der er viele Gedanken teilt.

Das heißt, außer der »Insolvenzschlappe« ist er mit sich zufrieden, denn das Bild, was er von sich selber hat, stimmt mit dem Bild von Männern in unserer Gesellschaft zunehmend überein. Dabei lebt er dem taoistischen Yang entsprechend fast ausschließlich das sogenannte »männliche Prinzip«, das sich durch Kämpfen (um eine neue Existenz), Zielgerichtetheit, Selbstbehauptung, Analyse, Logik, Ordnung, Struktur und Verstand ausdrückt. Je mehr er sich allerdings um die Verwirklichung dieser Ideale anstrengt, umso mehr entfernt er sich von seiner Frau. In der Folge kommt es zu einigen hässlichen Auseinandersetzungen über seinen Rückzug, vor allem wenn er vom Laufen nach Hause kommt, was er schon gar nicht versteht, weil er doch mit der Laufpartnerin »nichts hat!«. Daher verteidigt er hartnäckig »sein Recht« auf die »unerotische Lauffreundschaft« und ist sich nicht klar darüber, dass er diese zur Entlastung braucht, damit er zu Hause in seinem Selbstverständnis der Starke sein kann. Das aber braucht er umso mehr, als er die Augen nicht mehr davor verschließen kann, welches Potenzial seine Frau hat und auch weiterentwickelt und in welchem Maße er seinen Wert dadurch gefährdet erlebt. Dabei ist es unerheblich, dass diese Gefährdung primär als dumpfes Gefühl auftaucht und er sie gar nicht richtig formulieren könnte. Aber sie beeinflusst ihn unterschwellig, sich besonders stark zu präsentieren.

Lisa entspricht nicht nur dem Frauenbild unserer Gesellschaft, sondern hat auch die entsprechenden Bedürfnisse. Die Beziehung und wie sie gelebt wird, sind ihr sehr wichtig. Deshalb möchte sie darüber reden und vor allem deutlich machen, wie sie sich fühlt, ohne dafür als hysterisch bezeichnet zu werden. Sie trägt die Insolvenz mit, ohne ihn dafür anzuklagen, denn es ist ihr wichtig, ihren Kindern und ihrem Mann »Geborgenheit zu geben, komme was da wolle«. Darüber hinaus will sie für Freude in der Familie sorgen, auch wenn sie derzeit wenig Geld haben. Von Jürgen wünscht sie sich mal ein freies Wochenende mit ihm, und sei es »im Zelt an der Ostsee«. In ihrem »So-sein« vereinigt sie typische weibliche Anteile, die sogenannten Ying-Anteile, in ihrer Person. In der Beziehung wird sie immer unzufriedener. Das hat unterschiedliche Ursachen: Zum einen wird sie im Hinblick auf ihre Fähigkeiten immer selbstbewusster, je mehr sie neben dem Beruf noch zur Aufbesserung der Haushaltskasse beiträgt. Zum anderen wird sie in der Schule als Lehrerin sehr geschätzt und man überträgt ihr Sonderaufgaben. Und zum dritten hat sie jetzt zusätzlich einen Lehrauftrag an einer Fachhochschule angenommen, in dessen Zusammenhang ihr eine Promotion angeboten wurde. Das bedeutet, sie merkt langsam, wie gut sie logisch denken kann, und beginnt gleichzeitig das Leistungsprinzip Ihres Mannes zu hinterfragen. Dabei merkt sie auch, wie stark sie darunter leidet, dass ihr Mann seine Themen nicht primär mit ihr, sondern mit seiner Lauffreundin teilt. Dadurch fühlt sie sich abgewertet, was ein weiterer Grund für ihr zunehmendes Unbehagen ist, das sich in den schon genannten Auseinandersetzungen Bahn bricht.

Diese Auseinandersetzungen zwischen dem Paar eskalieren, als sie davon spricht, das Promotionsangebot anzunehmen, zumal das Ende der Insolvenzzeit abzusehen sei. Er will ihr die Idee unbedingt ausreden, weil es doch in ihrer Position völlig unsinnig sei, zu promovieren. Für Lisa ist es schwer, ihren Wunsch in den Auseinandersetzungen aufrechtzuerhalten. Sie hat zwar eine gute Ausbildung (wie es durchaus auch zur Frauenrolle in unserer Gesellschaft gehört), gleichzeitig spürt sie jedoch »innere Schranken«, »sich so wichtig zu nehmen«. Und genau diese inneren Schranken werden außen von Jürgen repräsentiert und verstärkt. Damit ist sie im Dilemma vieler Frauen in unserer Gesellschaft: Die Voraussetzungen einer Weiterentwicklung und auch die Integration der männlichen Anteile sind zwar gegeben, aber die Umsetzung – meistens in Form beruflicher Entwicklungen – wird erschwert oder sogar unmöglich gemacht. Mit anderen Worten: Innen- und Außenerwartungen klaffen offenkundig auseinander. Sie fühlt sich in einem Dilemma zwischen »dürfen« und »nicht dürfen«, dessen innere Spannung sich in den Auseinandersetzungen entlädt. Aber auch seine innere Spannung wächst, je mehr berufliche Selbstverwirklichung Lisa fordert: Das heißt, er fühlt sich in seiner – manchmal grandiosen – Leistungsbereitschaft infrage gestellt, wenn Lisa »zu Höchstleistungen aufläuft«. Und er erlebt dies als Rivalität, in der er als Kämpfer siegen muss.

Da beide sich sehr mögen und durch die Insolvenz eine gemeinsame Problemlösungsgeschichte haben, gelingt es ihnen, in vielen Gesprächen herauszufinden, was hinter ihrem jeweiligen Unbehagen steht. Dabei konfrontiert er sich erstmals wirklich mit der Scham über seine Insolvenz und merkt gleichzeitig, wie gut es ihm tut, Gefühle zu zeigen und darüber zu sprechen. Beide können sich immer mehr davon befreien, wie man als Mann oder als Frau zu sein hat, und entscheiden sich für ihren spezifischen Weg als Paar, den sie auch nach außen, vor allem vor den eigenen Eltern, vertreten. Lisa hat inzwischen ihre Promotionsarbeit begonnen und schmunzelnd kann Jürgen zugeben, dass er stolz auf sie ist. Jürgen hat sich zwei Männer gesucht, mit denen er laufen und anschließend ein Bier trinken geht. Das heißt, er muss sich nicht mehr alleine in seine Leistung verbeißen, sondern schaut um sich, sucht Ähnlichkeiten bei anderen Männern. Dabei schafft er wirklich einen eigenen, von seiner Frau unabhängigen Freizeitbereich und braucht keine »Lauffreundin« mehr, um sich zu entlasten oder abzugrenzen.

Indem beide Partner mehr Eigenes entwickeln, entlasten sie die Beziehung und lernen neu, die Bereicherung wahrzunehmen, die der andere darstellt. Damit definieren sie ihre jeweiligen Rollen und die Art der Beziehung so, wie es für sie richtig ist, und versuchen nicht mehr, an gesellschaftlich vorgegebenen Bildern festzuhalten. Diese Freiheit bedeutet für beide persönlichen Wachstum. Jürgen darf Ying-Anteile bei sich wahrnehmen und aktivieren, wie zum Beispiel Empathie und Zärtlichkeit (vor allem) für die Kinder. Lisa erlebt, wie sie sich in der ihr zur Verfügung stehenden Zeit optimal organisieren kann, lernt, Prioritäten zu setzen und manchmal ihre Interessen vor die der Familie zu stellen. Diese Yang-Aspekte, die sie in Besitz nehmen darf, tun ihrer Weiblichkeit keinen Abbruch. Im Gegenteil! Sie bekommt rundherum Komplimente, wie gut sie aussehe.

Die Illusion in ihrer Beziehung bestand darin, nur liebenswert zu sein, wenn man bestimmten Bildern folgt und sich für deren Erfüllung anstrengt. Nicht ihre Liebe oder ihre Beziehungsfähigkeit waren hier die Illusion, sondern die persönlich nicht passenden Bilder. Das Aufbrechen dieser Bilder durch die bewusste Wahrnehmung ihrer spezifischen Bedürfnisse und die partnerschaftliche Auseinandersetzung konnten sodann zu einer intensiveren und reiferen Form der Beziehung führen.

Gerade in der Phase ihrer intensivsten Auseinandersetzung, die natürlich auch alle wirtschaftlichen Themen des Paares umfasste, haben sich beide immer wieder für sich selbst, aber manchmal auch miteinander diese wichtige Frage gestellt: Hält die von ihnen angestrebte und gelebte Liebe beziehungsweise wechselseitige Bezogenheit unsere fordernde und komplexe Gesellschaft überhaupt aus? Kann Liebe Wirklichkeit sein, wenn wir gleichzeitig das

Leben in seiner Vielschichtigkeit meistern müssen und die Gesellschaft, in der wir leben, uns immer wieder mit Bildern und Themen konfrontiert, in denen alltägliche Liebe und Beziehung als Illusion erscheinen?

Unsere Gesellschaft macht es uns nicht leicht, liebevolle Partnerschaft zu leben und dabei zu erleben, dass man sie immer wieder neu gestalten muss. Wir leben vielmehr in einer Welt der Bilder, die uns wohlgefällige, leicht erreichbare Beziehungen vor Augen führt. Unzählige Male am Tag wirken unterschwellige Reize auf uns ein, die suggerieren, wie man schön und begehrenswert ist und wie leicht das zu erlangen ist. Farben und häufig auch Musik, die mit den Bildern gekoppelt sind, stimulieren Emotionen von Glück und Weite sowie Liebreiz, wenn man diesen Bildern entspricht. Anders ausgedrückt: Die Bilder suggerieren eine Garantie von Liebe, wenn man befolgt, was sie verlangen beziehungsweise die Produkte kauft, die sie anpreisen. Und außerdem scheint sich der eigene Wert auch dadurch zu erhöhen, dass man einen Menschen erobert, der die angestrebten Eigenschaften zu besitzen scheint, das heißt im Sinne der allgemein gültigen Bilder »vorzeigbar« ist. Dabei besteht die Illusion, die später oftmals zu einer »desillusionierten Beziehung« führt, ausdrücklich nicht darin, dass man sich an einem hübsch zurechtgemachten Äußeren oder der Schönheit des anderen freut. Die Illusion liegt darin, dass man sich selbst damit einen Wert bestätigt, von dem man glaubt, ihn sonst nicht zu haben. Genau darin besteht die Gefahr, wenn Bilder das Erleben der realen Personen ersetzen.

Johanne lernt Felix beim Skilaufen kennen. Er ist sehr sportlich und ermutigt sie zu den etwas schwierigeren Abfahrten. Dabei ist er charmant, ritterlich und genau der »Sportstyp«, der begehrenswert ist. Und auch Johanne macht nicht nur auf der Piste, sondern auch beim »Après-Ski« eine gute Figur. Ganz schnell ergibt sich gegenseitige Anziehung »als ideales Paar«, sodass beide beschließen, auch nach dem Urlaub zusammenzubleiben. Es entwickelt sich zunächst eine Wochenendbeziehung, da beide in verschiedenen Großstädten arbeiten, er im Vertrieb eines Markenartikelkonzerns und sie als Controllerin in einem Mittelstandsunternehmen. Im Rahmen dieser Wochenendbeziehung gelingt es ihnen zunächst gut, in dem perfekt stimmigen Bild, das sie miteinander abgeben, weiterzuleben. Denn sie können sich an den Wochenenden ganz auf sich und gemeinsame Interessen konzentrieren. Außerdem kann das Bild der erfolgreichen, gut aussehenden, sportlichen, lebenszugewandten jungen »Typen« auch durch das relativ hohe Einkommen der beiden aufrechterhalten werden, das ihnen die Wochenendreisen und einen Lebensstil mit Sport, Restaurants und Einkaufsbummeln ermöglicht. Alles was störend wäre, wird in der Woche »erledigt«, um das Wochenende frei zu halten, wobei beiden auch klar ist, dass sie in der Woche viel und intensiv arbeiten.

Natürlich wird das Gesamtbild, dem sie entsprechen, nicht nur durch Werbung vermittelt. Beide erfahren vielmehr für ihr »So-sein« Anerkennung in den Unternehmen, in denen sie arbeiten, und aus ihren »Cliquen«, die beiden bestätigten, dass der jeweils andere »klasse« ist. Dabei ist das, was sie verkörpern, keineswegs nur oberflächlich oder »Schau«. Sie sind wirklich sportlich und tüchtig und weltgewandt. Sie haben wirklich Spaß am Leben und aneinander und sind gegenseitig stolz aufeinander. Sie lieben den anderen *auch*, weil er/sie »vorzeigbar« ist. Dabei spielen sie sich und dem anderen ihre Gefühle nicht vor. Die Seiten, die sie leben, und die Bilder in unserer Gesellschaft, die Erfolg versprechen, sind in ihrem Fall stimmig. Insofern sind Johanne und Felix identisch mit sich und der Welt.

Die Frage nach der Illusion stellt sich erst, als Johanne ungewollt schwanger wird und die beiden dies als Bombeneinschlag in ihr Leben wahrnehmen. Denn es passt überhaupt nicht zu ihrem Lebensstil, und außerdem hatten sich beide bis dahin noch in keiner Weise mit ihrer weiteren Lebensplanung beschäftigt. In der Auseinandersetzung darüber, ob sie das Kind behalten oder eine Schwangerschaftsunterbrechung vornehmen lassen wollen, bleibt plötzlich bei beiden wenig von den strahlenden und erfolgreichen Anteilen übrig. Statt des Charmes und der Ritterlichkeit zeigt Felix Angst und Hilflosigkeit. Er, der in beruflichen Situationen so entscheidungssicher ist, will Johanne allein die Entscheidung darüber überlassen, ob sie dieses Kind behält oder nicht. Und da auch seine »sportliche Stärke« wie weggeblasen erscheint und ihr »Sportstyp« zu einer jämmerlichen Figur wird, fühlt sich Johanne völlig desillusioniert; sie erlebt sich »mit Kind sitzen gelassen«, obwohl die Beziehung im eigentlichen Sinne nicht beendet ist. Darüber hinaus stellt sie auch ihren eigenen Wert völlig infrage: Wenn sie die »Königin« wäre, die sie seinen Beteuerungen entsprechend war, müsste er doch alles tun, um sie glücklich zu machen. Sein Versagen erlebt sie folglich als Demontage ihres Wertes, denn solange der »tolle Typ« sie begehrte, musste sie ja Wert haben. Erweist dieser Mann sich jetzt als »gar nicht so toll«, dann kann es mit ihrem Wert auch nicht so weit her sein. Mit anderen Worten kommt sie jetzt mit Persönlichkeitsanteilen in Kontakt, die neben den erfolgreichen auch existieren: Selbstzweifel und eine gehörige Portion Basisunsicherheit. In einer lauthals geführten Auseinandersetzung schlägt sie wütend auf ihn ein, um ihn zu bewegen, Verantwortung zu übernehmen. Dabei ist sie verzweifelt darüber, dass er nicht mehr der ist, den sie auf der Piste kennen gelernt hat.

Letztlich machen die ungewollte Schwangerschaft und die Desillusionierung beide gleichermaßen verzweifelt, sodass sie oft nicht mehr wissen, ob die ungewollte Schwangerschaft oder die Desillusionierung das eigentliche Problem ist. Sie schieben aber die Ursache und Verantwortung dem jeweils anderen zu. Johanne spürt beispielsweise wenig Energie, um sich mit dem zeitlich drängenden Problem der Schwangerschaftsunterbrechung auseinanderzusetzen, macht aber Felix bei jedem Treffen heftigste Vorhaltungen, dass er ihr nur etwas vorgemacht habe und eigentlich ein Schlappschwanz sei. Sie richtet ihre ganze Energie darauf, dass er wieder so werden soll wie früher und dann entscheiden solle, ob er das Kind wolle oder nicht. Felix ist seinerseits völlig desillusioniert, dass seine strahlende, liebenswerte und hübsche Freundin, die ihn immer so »toll« fand, zu einer Furie geworden ist, die ihn beschimpft und sogar auf ihn einschlägt, »obwohl er ihr doch die Entscheidung überlässt«.

Die Lösung dieses Paares besteht darin, dass Johanne im letzen Augenblick einen Schwangerschaftsabbruch unternimmt und sich von Felix trennt. Beide haben keinen Ausweg gefunden, mit der Desillusionierung umzugehen, zumal beide die Energie eher darauf gerichtet hatten, dass der andere die alte Rolle wieder einnehmen solle, anstatt sich damit auseinanderzusetzen, was die Seiten, die der Partner jetzt zeigt, eigentlich bedeuten.

Das Bemühen, dass der andere so sein soll, wie ich ihn sehen will oder wie er sich (einseitig) zu Anfang der Beziehung gezeigt hat, ist eines der am weitesten verbreiteten Probleme, denen wir in unserer Praxis begegnen. Die vielen Bilder, die uns umgeben und die zeigen, wie man sein sollte oder sein könnte, bewirken nämlich in vielen Fällen die Illusion, dass der oder die andere ja so sein könnte, wie man sie oder ihn braucht, wenn er oder sie doch nur wollte und sich ein wenig mehr anstrengen würde. Und gerade ehrgeizige junge Menschen, die einen hohen Leistungswillen haben und in einem entsprechenden Umfeld leben, verlangen von sich und ihrem Gegenüber genau diese Machbarkeit, die ja auch in den Medien propagiert wird: »Whatever you want me to be I'll be for you« singt Tina Turner. Damit bietet sie nicht nur an, so zu sein, wie der andere sie braucht, sondern macht deutlich, dass wir Wert erhalten, wenn wir Bildern entsprechen, vor allem aber, dass man Bildern entsprechen kann, man muss nur wollen. Das bewirkt in Partnerschaften häufig einen – verzweifelten – Kampf darum, dass der andere sich verändern soll, weil er dann eben so ist, wie man ihn braucht, um sich gut zu fühlen. In der Folge wird der andere zum Beispiel durch die von uns beschriebenen Kontrollmechanismen (siehe Exkurs zu Macht, Ohnmacht und Kontrolle, Seite 52) bedrängt, so zu sein, wie man ihn haben möchte. Dass dabei die Liebe in einer Beziehung, die ja gerade beinhaltet, dass der andere so sein darf, wie er ist, langsam versiegt, wird nicht beachtet und oft gar nicht erkannt.

Diesen Kampf kann man nur beenden, indem man sich selber fragt, was man verändern will und kann, und damit beginnt, auch wenn der andere es nicht tut. Aber gerade im Kampf um die Kontrolle ist es für viele Menschen in jeglicher Art von Partnerschaften üblich zu sagen, dass man – gerne – bereit ist, etwas zu verändern, wenn der andere das auch tut. Das heißt: Wenn der andere ein bisschen mehr dem Bild nahekommt, das ich von ihm habe, dann tue ich dies umgekehrt genauso. Und wenn er es nicht tut, tue ich es auch nicht. Genau diese Einstellung aber ist das sicherste Mittel, um in den Problemen zu verharren, da jetzt beide Seiten auf den ersten Schritt des anderen warten. Das kann bis zum Sankt-Nimmerleins-Tag dauern ...

> Johanne und Felix hätten nur dann eine Chance gehabt, wenn sie ihre jeweils eigenen Ängste zugelassen und darüber gesprochen hätten; wenn sie im Dialog dem Widerstand Raum gegeben hätten, den sie gegen das Kind hatten; wenn sie einander gestanden hätten, dass »Elternsein« überhaupt nicht in das Bild passte, was sie von ihrem gegenwärtigen Leben hatten. Nur dann hätten beide spüren können, was die Situation für sie jeweils individuell bedeutet, und daraus einen Standpunkt entwickeln können, den sie besprochen hätten. Und nur dann hätten sie gegenseitig hinter dem »Schlappschwanz« und der »Furie« sehen können, wie viel Angst sie hatten, nicht mehr liebenswert zu sein, wenn sie nicht mehr dem Idealbild entsprachen. Und nur der Dialog hätte ihnen ermöglicht, andere Seiten, wie zum Beispiel Trost für den anderen oder ein gemeinsames Mutfassen, in sich zu entdecken. Damit wäre das Bild des anderen nicht verwüstet worden, sondern hätte seinen angemessenen Stellenwert als Anteil der jeweiligen Persönlichkeit erhalten. Diese neuen Erfahrungen hätten dazu verholfen, weitere Facetten ihrer Gesamtpersönlichkeiten deutlich zu machen.

Anders ausgedrückt: Ein mit Respekt geführter Dialog (siehe ab Seite 104) hätte zu einem Wachstumsprozess führen können, der die Illusion einseitiger Bilder zugunsten einer Wirklichkeit überwunden hätte, die ein umfassenderes Kennenlernen und eine tiefere und verbindlichere Liebe erlaubt hätte. Denn ein wesentlicher Bestandteil von Liebe, Beziehung und Bindung besteht darin, sich dem anderen so zu zeigen und zuzumuten, wie man ist, mit allen Facetten. Und der Dialog darüber, wie man den anderen wahrnimmt, hätte dazu genutzt werden können, über eigene, selbst gewählte Veränderungsmöglichkeiten nachzudenken und diese gegebenenfalls in die Tat umzusetzen. Die Voraussetzung dafür ist allerdings immer Freiwilligkeit. Johanne und Felix war es indes nicht möglich, ihre Liebe zu erweitern. Sie hatten weder das Bewusstsein einer solchen Möglichkeit noch das Handwerkszeug, das wir im dritten Kapitel vorstellen werden und das besonders dann notwendig ist, wenn die Bilder einen Riss bekommen.

Alltag, der Prüfstand für Illusion und Wirklichkeit

Ob Liebe Illusion oder Wirklichkeit ist, erweist sich meist weniger an dramatischen Geschehnissen, sondern im alltäglichen Leben, das einer Vielzahl von oft widersprüchlichen Einflüssen ausgesetzt ist. Unsere Gesellschaft ermöglicht zwar vielfältige Lebens- und Beziehungsmöglichkeiten, etwa getrennt leben und verbindliche Beziehungen haben; zusammen leben, ohne verheiratet zu sein; verheiratet sein und getrennt leben; Partnerschaft mit Kindern, Partnerschaft ohne Kinder usw. Dennoch gehen die meisten Menschen, die sich lieben, eine eheliche Partnerschaft ein, wollen und bekommen Kinder und gründen eine Familie, oft auch eine neue Familie, nachdem die alte auseinander gegangen ist. Dies zeigt neben der beschriebenen Idealisierung von Partnerschaft auch die Sehnsucht nach einem Beziehungsgefüge, in dem andere Qualitäten wirksam werden (sollen) als in der leistungsorientierten Um- und Arbeitswelt. Die Sehnsucht nach Dauer und Kontinuität, die sich in wiederholten Eheversprechen zeigt, wird dabei ebenso deutlich wie die Suche nach einem Ort, an dem man aufgehoben und eingebunden ist. Das heißt, in diesem Prozess geht es oft nicht nur darum, diesen Ort zu schaffen und ihn für Kinder anzubieten, sondern auch um den Wunsch, selbst einen solchen Ort zu haben, der das Gegengewicht zu den beruflichen Anforderungen darstellt. Das wird uns immer wieder in Gesprächen mit Führungskräften klar, wenn diese oft schon am Anfang eines Gesprächs betonen, wie wichtig ihnen die Familie sei. Obwohl sie einen 10- bis 12-Stunden-Tag bewältigen und die Zeitverteilung in ihrem Leben anderes vermuten lässt, stellt die »Vorstellung von der Familie« einen hohen Wert dar. Das gilt übrigens neueren Untersuchungen zufolge für alle sozialen Schichten. Wie die »Vorstellung von der Familie« dann gelebt wird, ist sehr unterschiedlich und, gerade wenn sie von den jeweiligen Positivfantasien abweicht, sehr konfliktbeladen. Dabei werden diese Konflikte oft nicht bearbeitet oder gelöst, sondern vermieden und beiseitegestellt, damit die ersehnte Harmonie gerade in dem geringen Zeitraum, der für Familien- und Beziehungsleben vorhanden ist, nicht belastet wird.

Um vollends zu verstehen, welche Widersprüchlichkeit zwischen Sehnsucht und Belastung Familien heutzutage anhängt, muss man verstärkt die Position mit bedenken, die Kinder darin einnehmen: Die Beziehung zum Kind ist heute die konstanteste Beziehung, die Menschen in unserer Gesellschaft haben. Man kann Ehen auflösen, aber nicht Elternschaften. Während man in der Welt mit Leistung bestehen muss, darf man sich vom Kind anrühren lassen, darf Gefühle spüren und mit dem Kind staunen. Dabei wird oft unser eigenes inneres Kind, unser Kern berührt, in dem wir alle die Bedürfnisse und Empfindungen aufbewahren, von denen wir meinen, sie in unserer Welt nicht zeigen zu dürfen: Kinder bringen eine Saite in uns zum Klingen, die wir sonst nicht oft hören beziehungsweise zulassen. All dies führt dazu, dass Kinder ganz schnell in den Mittelpunkt der Familie geraten, obwohl bei den Partnern ja eigentlich der Wunsch da war, »ineinander aufzugehen«.

So stoßen häufig einerseits eine übersteigerte Erwartungshaltung an die Beziehung zum Partner und andererseits eine oft überfrachtete Beziehung zu den Kindern in der Familie aufeinander. Und da Kinder nicht nur für Eltern, die ihrem Kind alles erdenklich Gute angedeihen lassen wollen, sondern generell durch all das, was für sie von klein auf organisiert werden muss, sehr viel Zeit brauchen, wird Erziehung in sich selbst zur anspruchsvollen Leistung. So können die Erwartungshaltungen an Beziehung und Erziehung beziehungsweise deren Befriedigung innerhalb einer Familie erheblich miteinander rivalisieren. Dabei stehen sich Erziehungsdruck einerseits und Erfüllungsdruck der emotionalen Erwartungen andererseits entgegen. Und genau damit hat sich dann der Leistungsdruck der Gesellschaft durch die Hintertür gerade in jenen (Beziehungs-) Raum eingeschlichen, der zuvor für alle unsere emotionalen, beziehungs- und näheorientierten Bedürfnisse reserviert sein sollte. Dass das gegenseitige Ungenügen wie die enttäuschten Erwartungen in der Folge wiederum alte enttäuschende Beziehungserfahrungen und dysfunktionale Bewältigungsmuster aktualisieren, ist leicht verständlich. Es bietet aber zusätzliche Gefahr, die aus der scheinbaren Ohnmacht des »Immer wieder« entspringt.

Stefan und Sabine sind ein für diesen Konflikt typisches Paar. Er ist engagiert berufstätig als Verkaufsleiter in einem Unternehmen, das Bauzubehör produziert. Sie war Assistentin der Geschäftsleitung eines größeren Architekturbüros. Es war eine gemeinsame und harmonische Entscheidung, dass sie ihren Beruf aufgeben würde, sobald die gewünschten Kinder auf die Welt kämen. Diese Planung wurde auch umgesetzt: Der ältere Junge ist jetzt fünf, der jüngere drei Jahre alt. Trotzdem erscheint die Atmosphäre in der Familie angespannt: Stefan wirkt arrogant und unnahbar, Sabine explodiert bei Kleinigkeiten, schreit Stefan und die Kinder an und droht damit, dass sie »weggehen« würde. Dabei definiert sie nicht genau, was das heißt. Und Stefan fragt auch nicht nach. In letzter Zeit müssen sie sich allerdings stärker mit sich selbst und der Familie auseinandersetzen, weil der jüngere Sohn sich weigert, im Kindergarten zu bleiben, und nicht aufhört zu schreien, bis seine Mutter ihn wieder abholt. Beide Eltern sind besorgt um ihren Sohn und die daraus entstandene Situation, zumal sie lange nach einem geeigneten Kindergarten gesucht haben und die Mutter doch alles tut, was man tun kann, um die Entwicklung der Kinder zu fördern. Das heißt, sie war mit beiden Kindern in der Krabbelgruppe, beim Babyschwimmen und in der frühkindlichen Musikerziehung. Alles Spielzeug ist pädagogisch sinnvoll ausgewählt. Und es hat lange gedauert, bis sie die Kinder wenigstens an einem Abend im Monat einem Babysitter überlassen hat, nachdem sie sie ins Bett gebracht hatte. Dieser Abend sollte ursprünglich der »Paarabend« sein, an dem beide miteinander ausgehen wollten. Die meisten dieser Abende endeten jedoch im Eklat, weil »schwierige Themen«, wie zum Beispiel die Verfügbarkeit des Vaters für die Kinder von ihr und die unbefriedigte Sexualität von ihm angesprochen wurden. Beide Themen mündeten ganz schnell in entsprechenden Vorwürfen und führten dann zu den bekannten Mustern von Rückzug und Schreien. In der Folge schob entweder er berufliche Termine vor, um den gemeinsamen Abend zu vermeiden, oder die Babysitterin wurde für die anstehenden Elternabende im Kindergarten des Älteren genutzt, in dem sie als Eltern, weil er frei finanziert ist, besonderes Mitspracherecht und entsprechende Pflichten haben.

Auch Stefan hängt sehr an seinen Kindern und will alles Machbare für sie ermöglichen. Die Weigerung des Jüngsten macht ihn insofern hilflos, weil er kein Lösungsmuster sieht und nicht »anpacken« kann, um das Problem zu beseitigen, wie es sonst seine Art ist. Das führt zu einem Gespräch zwischen den beiden, in dem sie der Frage nachgehen, warum der Junge die Mutter nicht loslässt. Stefan äußert die Überlegung, dass das mit Sabines häufiger Äußerung, sie »gehe weg«, zu tun haben könnte. Weil er dies als Überlegung formuliert und nicht als Anklage, bleibt Sabine ruhig und beginnt nachzudenken. Schließlich wagt Stefan auch selber die wichtige Frage zu stellen: »Was meinst du denn damit eigentlich, wenn du sagst, du gingest weg?« Durch diese Frage, vor allem aber die offene, interessierte und zugewandte Art, in der er sie stellt, bricht bei Sabine ein Damm und sie weint so tief und verzweifelt, wie Stefan es noch nicht erlebt hat. Aus Bruchstücken ihrer Äußerungen, die immer wieder durch heftiges Weinen unterbrochen werden, setzt sich ein Bild zusammen, das zeigt, wie sehr sie sich anstrengt, mit den Kindern alles richtig zu machen, und dass »die Reaktion des Kleinen im Kindergarten alle ihre Anstrengungen zunichte macht«. Es sei ja scheinbar nicht das Richtige, was sie tue, und »vielleicht hätte sie gar keine Kinder haben dürfen, denn im Beruf sei ihr das nicht passiert«. Als Stefan sie in den Arm nehmen und trösten will, lässt sie das nicht zu. Daraufhin ist er verärgert und macht nur noch den Vorschlag, man solle jetzt schlafen gehen. Direkt vor dem Einschlafen dreht er sich jedoch noch einmal um, legt ihr die Hand auf die Schulter und sagt, er wolle morgen Abend gerne weiterreden.

Genau diese Geste und der nachfolgende Abend sind der Beginn eines Klärungsprozesses, der sich über Wochen hinzieht und von Gespräch zu Gespräch wertvoller wird. Er zeigt bei Sabine, wie die eigentlich liebevolle Beziehung zu den Söhnen immer mehr durch die Angst geprägt wird, der anspruchsvollen Leistung »Erziehung« nicht gerecht zu werden. Sie war von jeher sehr leistungsbezogen und überträgt diese Haltung jetzt vom Beruf auch auf ihre Erziehungstätigkeit. Dabei verstärken die »unendlich vielen« Informationen über Kindererziehung, -entwicklung und -gesundheit ihre Einstellung um ein Vielfaches. Gleichzeitig scheint der einzige Mensch, der die Familie richtig miterlebt und wissen müsste, was sie tut, nämlich Stefan, nichts von dem, was sie tut, wertzuschätzen. Genau auf diesem Hintergrund erlebt sie dann altersgemäße Nörgeleien oder rebellisches Verhalten der Kinder als Misslingen ihrer Erziehungsanstrengungen und fühlt sich infrage gestellt. Gleichzeitig bringt sie ihre Reaktion des unangemessenen Lautwerdens in eine emotionale Distanz zu Stefan und den Jungen, zumal Stefan bei seinem Rückzug »eisig« wird und er auf »sehr sachliche Weise« versucht, die Situation zu regeln. Dann möchte sie nur noch weg! Denn sie ist enttäuscht von Stefan, der ihr schon lange nicht mehr gesagt hat, dass sie die »Frau seines Lebens« ist, von den Kindern, die nur nörgeln, und vor allem von sich selbst als Frau und Mutter. Gemessen an dem Glück, was Familie in ihrer Fantasie bedeutete, erlebt sie jetzt primär Versagen, Lieblosigkeit und Kälte, wo doch fünf Jahre zuvor noch Leidenschaft und Geborgenheit waren.

Stefans Erleben ist nicht weniger unglücklich. Obwohl seine Frau und seine Söhne ihm sehr viel bedeuten, kommt er oft nicht vor 19 oder 20 Uhr aus der Firma nach Hause. Häufig muss er auch außerhalb übernachten, weil seine Aufgaben europaweit verteilt sind. Beides wusste er auch vor der Geburt seiner Söhne. Er hatte nur nicht damit gerechnet, wie tief diese beiden kleinen Menschen ihn berühren würden und wie viel Sehnsucht er nach ihnen haben würde. Und obwohl es in Gefühlen und Gedanken ein Zentrum seines Lebens gibt, in dem er tief mit seiner Frau und den Kindern verbunden ist, sieht der Alltag anders aus: Der Kontakt zu den beiden Jungen ist viel zu wenig, häufig sieht er sie abends gar nicht mehr. Sabine wiederum scheint wenig interessiert an den vielen Anforderungen in seinem Beruf und will fast ausschließlich über die Kinder und deren Entwicklung mit ihm reden, während sie gleichzeitig kaum noch Interesse an Zweisamkeit und Sexualität hat. Hatte er vor den Kindern noch die Möglichkeit, sich im Rahmen der Erotik und Sexualität mit Sabine total fallen zu lassen, sich zu spüren und die ganze Berufswelt zu vergessen, so fühlt er sich jetzt immer mehr in der »Anforderungsmühle« eingespannt und Sabines Vorwürfen ausgesetzt, er zeige nicht genug Präsenz für die Kinder (was natürlich auch sie selbst einschließt). Für seine Absicherung einer komfortablen wirtschaftlichen Basis und für die Anstrengung, die dies tagtäglich bedeutet, spürt er von seiner Frau keine Anerkennung mehr, obwohl sie am Anfang der Beziehung deutlich gemacht hatte, dass auch sein beruflicher Erfolg zu seiner Attraktivität für sie beitrage. Das heißt, auch er hat das Gefühl, sich in seinem gesamten Leben ungeheuer anzustrengen, aber die Verbindungen, die er in seinem Herzen spürt, nicht leben zu können. Auch er fühlt sich leer und oft verzweifelt und macht dann das, was er auch im Unternehmen tut: Er versteckt sich hinter einer Wand überlegener Logik. Insgesamt hat er daher den Eindruck, dass er Einsatz und Erfolg mit Einbußen in der Liebe und Missstimmungen und Spannungen in der Familie bezahlt.

Ähnlich wie bei Wolfgang und Jutta, die durch das Kind dazu angehalten wurden, eigene Werte zu definieren, nach denen sie sich richten wollen, führt die Krise auch bei Stefan und Sabine dazu, dass sie beginnen, ihr Leben als Paar und

Familie bewusst zu planen. Dabei stellen sie in den Vordergrund, was sie eigentlich wollen und für gut heißen und womit sie sich bei den Kindern wohl fühlen – und nicht mehr, welches pädagogische Programm dazu am besten geeignet ist. Ihre wichtigste Erfahrung besteht jedoch darin, sich gegenseitig zu unterstützen statt zu kritisieren. Stefan ermutigt Sabine sehr, mehr Beziehung mit den Kindern zu leben als Pädagogik. Nun erlaubt sie sich viel häufiger, mit ihnen zu kuscheln oder sogar manchmal zusammen auf dem Sofa zu liegen und einen Micky-Mouse-Film anzusehen, anstatt ein Spiel mit ihnen zu spielen, was die kognitive Entwicklung fördert. Sie beginnt wieder, sich für seinen beruflichen Alltag zu interessieren, und manchmal entwickeln sich spannende und bereichernde Gespräche, in denen sie Menschenführung und Kindererziehung miteinander vergleichen. Außerdem macht Stefan zunehmend die Erfahrung, dass er auftanken kann, wenn er genügend Kontakt zu den Kindern hat. Auftanken bedeutet für ihn zum einen, Emotionalität leben zu können, zum anderen aber zu spüren, dass er sich nicht beweisen muss, dass er einfach »da sein« darf und sich nicht dauernd über die strategische Relevanz seines Denkens und Handelns klar sein muss. Je mehr er sich erlaubt, sich in und mit seiner Familie zu fühlen, umso sicherer wird er beruflich. In Situationen, denen er früher mit Zynismus begegnet ist (vor dem seine Mitarbeiter auch manchmal Angst hatten), klärt er heute mit Ruhe die Lage und gibt angemessen Anweisungen. Das hat er bei seinen Söhnen gelernt.

Je mehr diese Gespräche, das Erzählen, das Fragen über die Familie und seinen Beruf bei Stefan und Sabine selbstverständlich werden, desto mehr zeigt sich in beider Leben, dass Liebe und Leistung keine unüberwindbaren Gegensätze sind, sondern fruchtbare und inspirierende Polaritäten verkörpern (Jellouschek 1996).

Neben der Möglichkeit, enttäuschte Erwartungen und überhöhte Selbstanforderungen wieder in beachtende Neugier und angemessenes Handeln verändern zu können, zeigt das Beispiel dieses Paares auch, dass Polaritäten vor allem durch den Dialog überwunden werden können. Je weniger ein Paar über Trennendes spricht, desto mehr gewinnt dieses Trennende an Macht. Zwar werden Gespräche über das Trennende häufig aus der Angst heraus vermieden, dass solche Gespräche Sand ins Getriebe der Beziehung bringen würden. Aber genau die Vermeidung bewirkt das, was man vermeiden wollte, und behindert die positive Gestaltung der Beziehung und Partnerschaft.

Das gesamte Geflecht der Anforderungen wird naturgemäß noch größer und komplizierter, wenn es sich um sogenannte Patchworkfamilien handelt, die sich aus den beiden Partnern, den Kindern, die sie mitbringen, und manchmal noch einem oder mehreren eigenen Kindern des Elternpaares zusammensetzt. Zum »Gut-machen-Wollen« in Beziehung und Erziehung kommt hier oft noch ein »Wiedergutmachen-Müssen« für die Kinder und ein »Wiedergutmachen-Müssen« der Enttäuschungen in der vorausgegangenen Partnerschaft.

Gleichzeitig bedarf die Organisation der Kinder und damit des Familienlebens besondere Beachtung, da auch die Beziehungen zu den jeweils abwesenden Elternteilen gelebt werden wollen und sollen, wobei die Eltern, die nicht in der jeweiligen Familie leben, präsenter sind, als man jeweils annimmt. Das aber bedeutet: Auch wenn die Partnerschaft geschieden ist und die Liebe aufgehört hat, so ist damit nicht die gemeinsame Elternschaft beendet, sondern muss im Zusammenhang mit dem Kind immer wieder gelebt werden, sei sie auch noch so schlecht. Leider machen dabei Männer wie Frauen – um es dem Kind leichter zu machen beziehungsweise um die eigenen Schuldgefühle darüber zu überwinden, dass man dem Kind die Trennung zugemutet hat – häufig einen Spagat zwischen dem alten Partner und der neuen Familie. Das wird vor allem beim Aushandeln von Ferienterminen oder bei Einladungen zu besonderen Festen im Leben des Kindes, wie zum Beispiel der Konfirmation, immer wieder sichtbar. Dabei zeigen sich einerseits die gleichen stereotypen, dysfunktionalen Reaktionsmuster, die zur Trennung geführt haben und es erschweren, zu Verhandlungsergebnissen zu kommen. Und genau dieser Umgang mit dem ehemaligen Partner bringt andererseits das Fass der Spannungen in der gegenwärtigen Beziehung zum Überlaufen: »Bei mir (jetzige Partnerin) stellst du Forderungen und für sie (ehemalige Partnerin) machst du alles, was sie will!«, ist eine häufige Anklage, die wir in solchen Zusammenhängen in unseren Beratungen hören. Damit macht die jetzige Partnerin unbewusst den Umgang mit dem ehemaligen Partner zum Indikator für die Echtheit der gegenwärtigen Liebe.

Letzteres geschieht, unabhängig von jeder Patchwork-Problematik, interessanterweise am häufigsten dann, wenn die neue Beziehung relativ schnell nach der vorangegangenen begonnen oder sogar zum Auslöser für die Trennung wurde. Die von der Trennung betroffenen Menschen nehmen sich dann meistens nicht genügend Zeit zum Trauern, was auch nach misslungenen Beziehungen notwendig ist. Durch das sehr schnelle Eingehen einer neuen Beziehung versagen sie sich nicht nur einen Verarbeitungs- und Lernprozess, sondern verhindern in der Regel auch die Aussöhnung mit sich selbst. Dies aber wäre deswegen besonders wichtig, weil wir durch das Scheitern einer Beziehung uns oft selbst infrage stellen oder an unserem Wert zweifeln, weil uns der andere ja verlassen hat. Gleichzeitig müssen wir manchmal zusätzlich die Trennung von Freunden ertragen, weil sich oft auch der Freundeskreis in zwei Seiten spaltet. Wir spüren zudem häufig Distanz vonseiten der Familienangehörigen des Partners, müssen uns von Wohnungen oder Häusern trennen und haben nicht selten auch mit materiellen Schwierigkeiten zu kämpfen.

Dies alles gehört zum Trennungsprozess, den wir mit einer Scheidung realisieren und der trauernd durchlaufen sein will, egal ob die vorausgegangene Zeit »erträglich« oder »ein einziger Horror« war. Das aber braucht zunächst einmal schlicht und einfach Zeit, um die verschiedenen Stadien dieses Prozesses zu durchlaufen. Erst dann werden Stabilität und neues Wachstum sowie eine innere Haltung zu der Trennung möglich, aus der heraus man sie bejahen kann. Erst am Ende eines »gut« oder »gesund« durchlaufenen Trennungsprozesses, in dem ich auch meine Verantwortung für mein Glück wieder in meinen Besitz genommen habe, und wenn ich wieder ohne Zuspruch meiner Partnerin an meinen Wert glaube, steht das »Ja, so war es, und es war ein wesentlicher, (manchmal sogar guter) Teil meines Lebens«. Und erst die »Aussöhnung mit sich selbst«, zeigt uns, dass dieser Prozess tatsächlich abgeschlossen ist. Das bedeutet in der Regel auch, dass man klarer, selbstbewusster, respektvoller und akzeptierender mit dem ehemaligen Partner umgehen kann als während des Gefühlschaos in der Trennungszeit.

Genau dieses Wachstum kann vermieden oder »verpasst« werden, wenn wir uns zu schnell erneut an einen anderen Menschen binden. Trotzdem wissen wir alle aus Erfahrung, dass die Verführung, von einer neuen Person das Heil zu erwarten, das von der vorherigen nicht gekommen ist, groß ist. Und das, obwohl wir alle ahnen:

Wenn die alte Abhängigkeit mit einer neuen ersetzt wird, verstricken sich die Bindungen noch heftiger, und lebbare Liebe wird immer mehr zur Illusion.

Fast alle bislang aufgeführten Beispiele zeigen, dass sowohl die berufliche Situation einen mehr oder weniger starken Einfluss auf die Beziehung hat, als auch die Integration von Partnerschaft, Beruf und Familie ausschlaggebend dafür ist, ob die »Entscheidung für Dich« dauerhaft ist. Und auch in diesen Zusammenhängen kann die Individualisierung in unserer Gesellschaft zum Stolperstein werden, weil in den Möglichkeiten und den Einengungen, die unsere Gesellschaft bietet, jedes Paar, jede Familie ihren eigenen Weg finden muss, wie sie mit dieser Situation umgehen will.

Hierfür sind wir, die Autoren, selbst ein typisches Beispiel: Wir beide standen mitten im Beruf, mit dem wir uns voll identifizierten. Als wir uns kennen lernten, entschieden wir uns, ganz schnell zu heiraten, und entschlossen uns kurz darauf, Kinder zu bekommen. Dabei war für uns beide von Anfang an klar, dass beide weiterarbeiten würden und wir uns zusammen mit einer Kinderfrau die Versorgung des ersten und später eines weiteren Kindes teilen würden. Das klang einfach und war auch organisatorisch gut zu machen, da Heinrich als Lehrender an einer Universität und Ute in freier psychotherapeutischer Praxis mit einem eigenen Ausbildungsinstitut arbeiteten und uns eine im Vergleich zu anderen Menschen relativ freie Zeiteinteilung möglich war. Außerdem konnten wir eine Vollzeitstelle für eine zeitlich sehr flexible und sehr liebevolle Kinderfrau finanzieren. Eigentlich also ideale Voraussetzungen, um unseren Weg zu finden.

Die Stolpersteine bestanden daher auch weniger in den organisatorischen Abläufen als in der Auseinandersetzung mit unseren Rollen. Für Ute gab es immer wieder die quälende Frage, ob sie genug Zeit mit zunächst der ersten und später den beiden Töchtern verbrachte. Einerseits fühlte sie sich nach durchwachten Nächten im Beruf nicht leistungsfähig genug und andererseits bei längerer Konzentration auf die berufliche Tätigkeit für die Kinder nicht präsent genug. Das Wissen, dass die Kinder mit Heinrich oder der Kinderfrau bestens versorgt sind und sich ihres Lebens freuen, blieb rational, emotional dominierte oft das Gefühl, nicht zu genügen. Ihr fehlten die Vorbilder und die »gesellschaftliche Erlaubnis«, dass es so sein darf. Jedes »normale« Problem der Kinder, wie zum Beispiel ein Ekzem oder die Verweigerung bestimmter Speisen, führte daher zur Frage des mütterlichen Genügens und der entsprechenden innerpsychischen Spannung. Diese entlud sich nach außen oft in einer übertriebenen Beobachtung des Verhaltens von Heinrich gegenüber den Kindern. Es wurde Ute schwer, Heinrich seinen individuellen Umgang mit den Kindern zuzugestehen, der oft unbekümmerter und damit stressfreier war als ihr eigener. Heinrich seinerseits fühlte sich kritisiert und in seinem Bemühen, neue Lebens- und Arbeitsformen zu finden, nicht ernst genommen und wertgeschätzt. Denn auch Heinrich hatte kein Vorbild in seiner Sozialisation, wie man die eigene Leistungsbereitschaft im Beruf mit liebevoller Zuwendung zu den Kindern und deren adäquater Versorgung miteinander vereinbart, und dies auch noch in seiner Rolle als Mann in unserer Gesellschaft.

Die notwendigen Gespräche und Auseinandersetzungen wurden uns durch unsere berufliche Zusammenarbeit erleichtert, da wir von Anfang unserer Beziehung an gemeinsam therapeutische Gruppen und Ausbildungsgruppen in unserem Institut geleitet haben. Es war uns klar, dass wir dieser Aufgabe nicht nachkommen konnten, wenn es zwischen uns selbst ungeklärte Spannungen gab. Insofern waren wir häufig zu zeitnaher Klärung »gezwungen« und wurden schnell sensibel für die Reibungen, die besprochen und ausgeräumt werden mussten. Außerdem gelang es uns in den Gesprächen zunehmend besser, den Hintergrund für unsere Spannungen herauszufinden, der für beide häufig in der Angst zu versagen bestand. Gleichzeitig mussten wir uns immer wieder zu der Freiheit beziehungsweise Autonomie ermutigen, unseren eigenen Weg als Familie zu gehen und uns zum Beispiel durch kritisches Nachfragen in Kindergarten und Schule nicht beirren zu lassen. Dazu gehörte auch, dass wir uns erlaubten, zwei- oder dreimal im Jahr für ein Wochenende ohne Kinder wegzufahren und die Töchter dann durch unsere Kinderfrau versorgen zu lassen – obwohl wir berufstätig waren! Denn in unseren Klärungsgesprächen war uns auch deutlich geworden, dass wir uns als Mann und Frau, trotz der eingegangenen Elternschaft und unseres anspruchsvollen Berufslebens, nicht aus den Augen verlieren durften, weil genau das die Basis unseres Geflechts von Kindern und Arbeit war.

Dabei bestand unsere Leistung bei all dem nicht primär in der Bewältigung des Alltags, sondern in der Loslösung von alten Rollenmustern sowie dem Wagnis, uns als einzelne Person und als Paar von diesen Mustern weitgehend unabhängig zu machen. Dies war umso wichtiger, als unser Integrationsmodell von Beruf, Familie und Beziehung auch für uns als Mann und Frau neue Rollenmuster erforderte. Ute zum Beispiel bezog für ihr Selbstbild als Frau immer mehr »Selbstbewusstsein und Selbstachtung aus interessanter Arbeit …, aus beruflichem Erfolg und dem Verfolgen eigenständiger beruflicher Ziele«, wie Christine Morgenroth es treffend für diesen Zustand formuliert (1996, 191).

Auch damit galt es in der Partnerschaft umzugehen. Denn im Klartext bedeutet das auch die Gefahr von Rivalität. Und so schwer es für Ute war, die übliche Mutterrolle abzugeben, so schwer war es für Heinrich, die zunehmende Kompetenz und professionelle Unabhängigkeit von Ute zu erleben und dabei gleichzeitig sein eigenes Leistungsfeld durch sein gelebtes Vatersein eingeschränkt zu sehen. Denn von der Bereicherung, die die Rollenveränderung für beide bedeutete, war zunächst im Alltag weniger spürbar. Dass Heinrich seine Ying-Qualitäten leben durfte, wenn er die Kinder ins Bett brachte, stand in seinem Erleben im konkreten Augenblick weniger im Vordergrund, sondern eher die Tatsache, dass Ute im gleichen Zeitraum mit Klienten arbeitete und er doch auch »so gerne an den Schreibtisch« wollte. Auch Ute war nicht bewusst, in welchem Ausmaß sie Yang-Qualitäten entwickelte, wenn sie lernte, Prioritäten zu setzen und sehr zielgerichtet Zeit zu nutzen. Dagegen meinte sie manchmal, Heinrich müsse viel weniger unterschiedliche Aufgaben miteinander vereinbaren, und war daher ein bisschen neidisch. Alles zusammen genommen war es für beide ein Lernfeld, sich gegenseitig ihre Empfindungen zuzumuten und sie nicht zu »schlucken«, damit es in den schon so belasteten Situationen und der wenigen arbeitsfreien Zeit nicht noch weitere Spannungen gab.

Letztendlich aber machten die notwendigen Gespräche über Unmut und Zeiteinteilung, über unsere Ansprüche im Beruf und an eine optimale Versorgung der Kinder dies immer deutlicher: Der Balanceakt, an den wir uns gewagt hatten, trug wesentlich zu unserer individuellen und gemeinsamen Entwicklung bei und ließ uns als Paar einen Weg beschreiten, der uns von allgemein gültigen Werten und Normen unabhängiger machte. Dabei sind wir noch heute dankbar für die Hingabe und Flexibilität unserer damaligen Kinderfrau, die uns unsere Ausflüge als Mann und Frau ohne Familie möglich machte. Sie war das »Geschenk des Himmels«, was uns zur Integration von Beziehung, Familie und Beruf gegeben wurde.

Die Schilderung alltäglicher Einflüsse auf die Gestaltung von Beziehungen muss in unserer von Hartz IV gebeutelten Zeit auch beinhalten, was Arbeitslosigkeit für Beziehungen bedeutet. Zum einen entfällt durch Arbeitslosigkeit ein hoher Anteil alltäglicher Bedürfnisbefriedigung (siehe »Umgang mit Grundbedürfnissen« Seite 115). So verliert der Tag für die Betroffenen vor allem an Struktur, häufig aber auch an Sinn. Zum anderen entfallen viele Formen des sozialen Austauschs, was selbst dann als Mangel erlebt wird, wenn die Situation am Arbeitsplatz unbefriedigend war. In der Folge müssen Personen, die ihre Arbeit verloren haben, oft in hohem Maße darum ringen, nicht auch noch ihren Selbstwert zu verlieren. Und dies wiederum betrifft alle Schichten von Arbeitnehmern: Während der freigesetzte Bandarbeiter verzweifelt seinen Tag mit Beschäftigungen wie Gartenarbeit und Fernsehen zu füllen sucht, intensiviert der Manager in der gleichen Lage verzweifelt seine Tätigkeit in einem Verband oder einer Stiftung und stürzen sich viele Frauen auf den Haushalt. Wieder andere versuchen, mit diesem Einschnitt in das Leben fertig zu werden, indem sie sich in eine gewisse Passivität fallen lassen, was nicht selten in eine reaktive Depression mündet. Gleichzeitig erleben vor allem Menschen mit geringerem Einkommen starke materielle Einbußen, die zudem noch verlangen, besonders sparsam zu sein und sich gerade dann keine materielle Verwöhnung zu gönnen, wenn sie besonders notwendig wäre. Egal zu welcher Kompensation der Einzelne greift, die Situation bedeutet in jedem Fall Stress. Stress wiederum erhöht sich, je mehr eine Situation als aussichtslos erlebt wird und je weniger Reaktionsmöglichkeiten einem Menschen bleiben. Die Absage auf die 30. Bewerbung ist nicht nur deshalb so schlimm, weil man die »Kränkung des Nicht-gewählt-

Werdens« ertragen muss, sondern auch, weil sich das Handlungsfeld immer mehr einengt und es für den Betroffenen immer weniger Optionen gibt.

Partnerschaft muss sich in dieser Zeit besonders bewähren, ist gleichzeitig aber auch besonders bedroht. Denn zum einem bringt die eingeschränkte Bedürfnisbefriedigung leicht eine Gereiztheit mit sich, die sich manchmal kaum steuern lässt und durch die sich die Partnerin oder der Partner in eine Distanz geschoben fühlt, obwohl man vielleicht gerade besonders einfühlsam sein will. Zum anderen werden in Phasen von Stress auch in besonderem Maße alte destruktive Verhaltensmuster wirksam, die wir in frühen Kindertagen angenommen haben, die aber im normalen Alltagsgeschehen nicht so oft wirksam werden. Im Stress der Arbeitslosigkeit reagieren Menschen ihren frühen Lebensmustern folgend beispielsweise plötzlich mit Rückzug, Trotz und Überheblichkeit. Zudem wird einer arbeitslosen Person gerade in dieser Lage die Abhängigkeit vom anderen in der Partnerschaft besonders deutlich, was oftmals zum Einsatz der beschriebenen Kontrollmechanismen (siehe Seite 52) führt. Genau in dieser hoch angespannten Situation werden besonders die Grundthemen (wie sie beispielsweise in den Themen »Fürsorge füreinander«, »Sicherheit und Geborgenheit«, »Gemeinsame Werte« etc.; siehe ab Seite 31) problematisch, bei denen auch vorher keine Übereinstimmung gegeben war. Das führt zu einem Teufelskreis, der sich selbst verstärkt und in dem es immer schwerer wird, mit dem Partner darüber zu sprechen, wie man sich eigentlich fühlt. Zusätzlich ist das ganze Geschehen von tiefer Scham begleitet, die man sich und dem anderen nur schwer eingestehen kann. Wenn dann noch beide Partner schon im Vorfeld wenig Übung darin hatten, miteinander zu sprechen und sich dabei auch ihre

Gefühle mitzuteilen, ist die Gefahr, dass die Beziehung an den Folgen oder aus Anlass der Arbeitslosigkeit zerbricht, sehr real.

Deshalb ist dringend anzuraten, im Zusammenhang mit Arbeitslosigkeit Paarberatung in Anspruch zu nehmen. Arbeitnehmern, die ihre Arbeit verlieren und denen sogenannte Outplacement-Beratungen angeboten werden, ist ebenso dringlich zu raten, solche Beratungen als Paar unbedingt für ihr Verhandlungs- oder Abfindungspaket zu fordern.

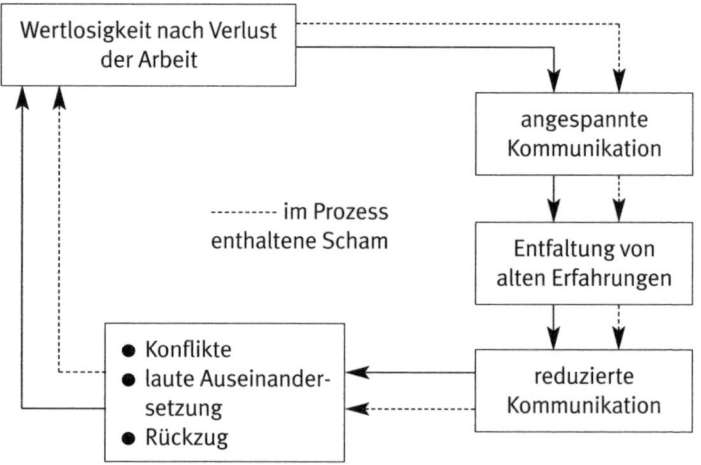

Abb. 4: Kreislauf der Wertlosigkeit nach Arbeitsverlust

Insgesamt zeigt sich, dass sich jede Partnerschaft nicht nur mit den jeweils individuellen Persönlichkeiten und ihrer Biografie auseinandersetzen muss, sondern dass es darüber hinaus eine hohe Anzahl gesellschaftlicher und wirtschaftlicher Einflussgrößen gibt, die Partnerschaft schwierig machen können. Auch mit ihnen muss sich jedes Paar auseinandersetzen und seine Lösung finden, um sich immer wieder für den anderen entscheiden zu können.

Das Handwerkszeug
der Liebe

Man braucht Handwerkszeug, um die Liebe aufrechtzuhalten und Bindung und Beziehung so zu gestalten, wie es für die jeweils Beteiligten angemessen ist. Diesem Handwerkszeug werden wir uns nun widmen. Dem wollen wir jedoch einen Exkurs über die Liebe voranstellen, um deutlich zu machen, für welchen Wert wir all die »Mühen« auf uns nehmen, die wir in den Beispielen beschrieben haben. Auch hier kann das Handwerkszeug gute Dienste leisten.

Wenn Sie sich gleich mit dem Handwerkszeug befassen wollen, blättern Sie zweckmäßig sofort weiter zu »Regeln des alltäglichen Miteinanders« (Seite 103). Wenn Sie an unseren Gedanken zur Liebe interessiert sind, lesen Sie den Exkurs.

Über die Liebe: ein Exkurs

Fast jeder kennt sie, die meisten können sie nur unvollständig beschreiben, kaum einer kann sie grundlegend erfassen: die Liebe. Ist Liebe das Verlangen, der Geliebten nahe zu sein? Ist Liebe das warme Empfinden, wenn ich dem Geliebten in die Augen schaue? Oder ist Liebe Fürsorge, Wohlwollen, Verantwortung füreinander, innige Gemeinsamkeit? All das sind Teilaspekte! Doch letztlich hat sich jeder Versuch, die Liebe mit Worten zu definieren, als vergeblich oder zumindest als unzureichend erwiesen. Denn die Liebe ist so umfassend und endlos, so tiefgründig und doch leicht, so hautnah spürbar und doch unbegreiflich, dass wir dieses erfüllende und mächtige Gefühl – wir wissen, man streitet sich darüber, ob es ein Gefühl ist – kaum zufrieden stellend in eine mehr oder weniger knappe Definition pressen können.

Dabei gibt es viele, durchaus lesenswerte und einfühlsame Beschreibungen: angefangen vom »Hohelied« des Salomon im Alten Testament über die Minnelieder des Mittelalters bis zu Sammlungen geistreicher und trefflich formulierter Sprüche berühmter Autoren, von bildhaften Beschreibungen in der Kunst, wie zum Beispiel bei Marc Chagall, oder in Filmen, wie beispielsweise im bereits erwähnten Film »Casablanca« (mit Humphrey Bogart und Ingrid Bergmann) oder auch im Film »Wer hat Angst vor Virginia Woolf« (mit Elizabeth Taylor und Richard Burton), bis hin – oder zurück? – zum immer wieder Erstaunen auslösenden und anregenden Brief des Apostel Paulus an die Gemeinde von Korinth, in dem er die Macht der Liebe beschreibt (1 Kor 13,4–8). Aber auch diese Darstellungen können nur Teilaspekte erfassen.

Liebe, wie sie in all diesen Bildern gespiegelt, besungen und verehrt wird, ist etwas anderes und weitaus mehr als Verliebtheit, die als primär sinnliches Gefühl vor allem am Anfang einer Liebesbeziehung erlebt wird und in der Regel recht schnell – man spricht von maximal 30 Monaten – bei einem der beiden Partner zu versiegen beginnt. Wenn wir uns verlieben, glauben wir anfänglich, dass das Zusammensein mit diesem Menschen die Antwort auf unsere Hoffnungen und Träume ist. Wir glauben, dass er uns glücklich macht. Er ist die Erfüllung unseres Wunsches, den eigenen Schmerz der Unvollkommenheit nicht zu spüren. Trotzdem werden die Themen und Eigenschaften, die während der ersten Verliebtheit auftauchen, später die Partnerschaft bestimmen. Zunächst jedoch verdrängt die Erfahrung des Liebens und Geliebtwerdens für eine Weile alle Zweifel an sich, dem anderen und manchmal auch der umgebenden Welt. Endlich fühlen wir uns wertvoll.

Dabei wollen wir unser Wertvollsein (endlich) durch den anderen für immer gesichert wissen. Deshalb will Liebe Ewigkeit und begründet einen Prozess, der nach einer klaren Entscheidung für den anderen verlangt. Liebe braucht ein entschiedenes »Ja« zum anderen, nicht nur zu Beginn, sondern auch immer wieder da, wo ich auf das Anderssein des anderen, seine mir (noch) fremden Seiten stoße. Auch im gemeinsamen Alltag will dieses »Ja« immer neu bekräftigt werden.

Die Liebe erfordert auch ein entschiedenes »Ja« zu mir. Denn sonst übergeben wir dem anderen die Verantwortung für unseren Wert. Gleichzeitig bedeutet mein Einlassen auch ein »Ja« zu meinem tief inneren Bedürfnis nach liebevoller Bindung, die mich für den anderen und die andere für mich das Wichtigste im Leben sein lässt. Das wollen wir immer wieder hören, denn wir brauchen es, eingebunden zu sein, um uns als wichtig und liebenswert zu erleben. Und wir brauchen es, für jemanden »einzig«, am wichtigsten zu sein, um zu uns selber »Ja« sagen zu können. Das suchen wir in der Paarbeziehung und drücken es aus durch die Anerkennung: »Du – mein Mann, ich – deine Frau«, »Du – meine Frau, ich – dein Mann« (Jellouschek 2008, 17).

Nur im entschiedenen Einlassen erfahren wir Wesentliches von der Person des anderen und von uns selbst sowie von den Möglichkeiten, die wir miteinander an Entfaltung und Entwicklung haben (nach Willi 2002, 137ff). Letztendlich bleibt es ein Rätsel, wie das Geschenk, einander lieben zu können und sich geliebt zu fühlen, entsteht und gelebt wird und was wirklich zu dieser reichsten und glücklichsten Erfahrung führt, die wir als Menschen erleben können. Wollte man eine endgültige Erklärung dafür finden, warum man durch den anderen mehr zu sich selbst kommt, so bleibt dies trotz allen Suchens ein Geheimnis. Und vielleicht ist dies das Wesen der Liebe.

Entschiedenes Einlassen zielt auf Verbindlichkeit und will Unbedingtheit, »bis der Tod uns scheidet«. Es braucht Unbedingtheit als gedachte oder zumindest erhoffte sichere Bindung, die auch dann trägt, wenn vor allem in Zeiten der Auseinandersetzung die fremden Seiten des anderen hervortreten. Banaler ausgedrückt: Sicherheit der Bindung und Beziehung muss auch und vor allem dann bestehen bleiben, wenn der Haussegen nach einem gehörigen Krach schiefhängt oder sich das strahlende Outfit der Ballkönigin bzw. des Salonlöwen nach durchtanzter Nacht zu vom Kopfschmerz verzerrter Grimasse verwandelt hat. Anmut, wo bist du verblieben?

Eine zum Beispiel in Form einer Hochzeit, als öffentliches Bezeugen der Einzigartigkeit wie auch der Verbindlichkeit der Beziehung, klar ausgesprochene Liebeserklärung verstärkt nicht nur die notwendige Bindung, sondern eröffnet darüber hinaus einen erweiterten Weg für persönliches Wachstum. In der liebevollen Beziehung zum anderen erfahre ich gleichzeitig mich selbst, erhalte im Du des anderen den Spiegel, durch den ich etwas zu meiner Entwicklung lerne. So dass Jürg Willi unseres Erachtens zu Recht »das aufmerksame Beantwortetwerden durch den Partner, der die persönliche Entwicklung unterstützen kann, weil man sich ihm öffnet«, als wesentlichen Bestandteil der Liebe definiert (FAZ vom 14.02.2010). Sich zum Beispiel in die Schuhe des anderen zu stellen, um die Dinge und mich selbst aus seiner Perspektive zu betrachten, ermöglicht es mir, die Selbsterkenntnis wesentlich zu erweitern. Die aus den Begegnungen entstehende Vertrautheit wirkt gleichzeitig der Angst entgegen, dass sich die aufregende Vertrautheit des ersten Verliebtseins verflüchtigen könnte. Aus der aufregenden anfänglichen gegenseitigen Anziehung entsteht so Liebe und Bindung, die immer noch aufregend sind.

Das Ergebnis solcher Entwicklungsmöglichkeiten lässt sich wirklich mit den Worten des bereits zitierten Paulusbriefs benennen; wir haben ihn in die Sprache unserer Zeit und Gesellschaft übertragen:

Der Paulusbrief in der Bibel*	Für Partnerschaft in unserer Zeit
»Die Liebe ist langmütig,	Die Liebe bleibt bestehen, auch wenn wir manchmal fern voneinander sind.
gütig ist die Liebe, sie ist nicht eifersüchtig,	Die Liebe will den anderen nicht bestimmen und nimmt ihn, wie er ist.
die Liebe prahlt nicht,	Wenn wir lieben, müssen wir nicht zeigen, wie großartig wir sind.
sie bläht sich nicht auf.	Wir müssen uns und die Liebe nicht größer machen, als wir sind.
Sie handelt nicht taktlos,	Sie beachtet den anderen und hütet sich, ihn zu beschämen.
sie sucht nicht den eigenen Vorteil,	Sie stellt den eigenen Vorteil nicht in den Vordergrund.

* 1 Kor 13,4–8, aus: Die Bibel. Die Heilige Schrift des Alten und Neuen Bundes. Verlag Herder, 2005.

sie lässt sich nicht erbittern,	*Sie macht den anderen nicht zum Opfer der eigenen Aggression.*
sie trägt das Böse nicht nach.	*Sie wird gegeben, auch wenn der andere über sich stolpert.*
Sie freut sich nicht über das Unrecht, freut sich vielmehr mit an der Wahrheit.	*Sie will im Dialog finden, was wirklich ist.*
Alles erträgt sie,	*Durch die Liebe ist Beziehung belastbar.*
alles glaubt sie,	*Die Liebe lehrt, zu vertrauen.*
alles hofft sie,	*Sie gibt uns Hoffnung, wenn wir verzagt sind.*
alles duldet sie.	*Sie lässt uns lernen aus dem, was uns verletzt hat.*
Die Liebe hört niemals auf.«	*Die Liebe behält ihren Wert, selbst wenn man sich trennt.*

Damit diese Liebe als »Grundhaltung des Lebens« (Küng 2010), als innere Haltung positiver tiefer Verbundenheit, nicht nur Wunsch und Sehnsucht bleibt, sondern im Alltag der Liebenden als gefühlte und erlebte Intimität spürbar wird, bedarf es – wie zuvor bereits angesprochen – einer entschiedenen

Umsetzung im Alltagshandeln, bedarf es der beidseitigen Verantwortung für den Erhalt der Liebe und des Vertrauens. Oder, um es mit den Worten des Fuchses im »Kleinen Prinzen« von Saint-Exupéry zu sagen: »Du bist zeitlebens für das verantwortlich, was du dir vertraut gemacht hast« (Antoine de Saint-Exupéry 2010, 95).

Aus der beidseitigen Verantwortung für die Intimität kann jene Form des Miteinanders entstehen, die die liebende Begegnung von Mann und Frau als Vereinigung des männlichen und des weiblichen Prinzips beziehungsweise der Polaritäten von Ying und Yang begreift. Dann ist Liebe mehr als die Verbindung zwischen einem Paar: Sie ist etwas Allumfassendes, wovon das konkrete Paar nur ein Abbild ist, so wie es viele Bilder von Marc Chagall zeigen. Aus der liebenden Begegnung resultiert eine Kraft, die etwas Wesentliches bewirken kann: Die Überhöhung der Erwartungen an den anderen und damit die Überforderung hören auf. Die Liebesbeziehung und der Partner werden somit entlastet, entlastet davon, »füreinander alles sein zu müssen«. Stattdessen können wir diese Kraft nutzen, um den Alltag, in dem die Wirklichkeit der Liebe in unserer Welt primär geschieht, zu bewältigen.

Regeln des alltäglichen Miteinanders

Den Alltag zu bewältigen, das »Schiff der Liebe« durch das oft von privaten und beruflichen Stürmen bewegte Meer der Alltagsereignisse zu steuern, ohne allzu große Schäden davonzutragen oder sogar unterzugehen, ist immer auch ein Stück Kunst. Das heißt, es hat einen deutlichen Bezug zu kenntnisreichem Können. Gelebte Liebe bedarf aufmerksamer und liebevoller Pflege sowie diese Pflege unterstützendes und ergänzendes Handwerkszeug. Dies gilt vor allem unter den zuvor beschriebenen gesellschaftlichen Bedingungen, durch die eigene Regeln und Prozesse neu erarbeitet, definiert und überprüft werden müssen. Dazu braucht es psychosoziale Kompetenz beziehungsweise Handwerkszeug.

Darunter verstehen wir all die Fähigkeiten, die der Liebe beziehungsweise Beziehung eines Paares guttun, wie »aufnehmendes Zuhören« oder den Terminkalender sinnhaft zu nutzen, mit (kleinen) Geschenken zu verwöhnen oder einen Konflikt lösenden Umgang mit »verpassten« Terminen zu pflegen. Wobei schon anhand dieser zufällig herausgegriffenen Beispiele deutlich wird, dass man über all das nicht im Sinne von starren Vorschriften oder unverrückbaren Gesetzmäßigkeiten sprechen oder schreiben kann. Denn unser Alltag ist primär erlebt, also von unseren Sinnen und unseren Erfahrungen bestimmt, und er weist manchmal liebenswerte Regelmäßigkeiten auf, scheint oft aber auch gegen jede Regel zu verstoßen. Trotzdem oder gerade deswegen bleiben einige wenige Regeln, die es wert sind, dass wir sie im Sinne von Handwerkszeug beherzigen, um uns den Alltag zu erleichtern und manchmal darin zu erlebende Höhepunkte zu gestalten.

Umgang mit Kommunikation

Beginnen wir mit dem Alltäglichsten, mit dem, was sich laut Paul Watzlawick gar nicht vermeiden lässt: »Man kann nicht nicht kommunizieren« (1969, 53). Egal was wir tun oder nicht tun, was wir reden oder auch nicht reden, immer stehen wir in Beziehung, sind wir in Interaktion mit und zu anderen. Und dieses Mit- oder unter Umständen auch Gegeneinander unterliegt gewissen Regeln, die zu kennen hilfreich sein kann. Das betrifft zum Beispiel die verschiedenartigen Grundgestimmtheiten von Männern und Frauen im Hinblick auf Kommunikation oder auch Interaktion. Diese deuten sich in Redensarten wie »Frauen tragen ihr Herz auf der Zunge, Männer in der Tasche« oder Überzeugungen wie »Männer reden eher über Standpunkte und sind eher introvertiert; Frauen dagegen reden eher über Gefühle und sind eher extrovertiert« an. Diese Grundgestimmtheiten zu kennen kann es leichter machen, die Position oder Betroffenheit des anderen zu verstehen.

Beziehungen werden jedoch in noch weit stärkerem Maße davon bestimmt, wie wir unsere Veranlagungen und Potenziale darin einbringen: auf gleicher Augenhöhe, von oben herab oder von unten herauf. Nur in einer auf gleicher Augenhöhe geführten Kommunikation werden wir den Respekt und die partnerschaftliche Autonomie verwirklichen können, die einer gleichberechtigten Partnerschaft angemessen sind. Jede andere Form der Kommunikation untergräbt, vor allem wenn das immer wieder geschieht, die für eine gesunde Partnerschaft notwendige Beziehungsbalance. Kommunikation aus der Position »übersicher«, also aus der Haltung »Ich weiß, wo es langgeht; du kannst mir folgen«, oder aus der Position »untersicher«, also aus der Haltung »Geh nur voran; ich folge schon«, muss scheitern. Für lebendiges Miteinander-Reden und Miteinander-Umgehen bedarf es aller Anteile beider Partner: der liebevoll zärtlichen, der kraftvoll strukturierenden, der fürsorglichen wie kritischen, der ängstlich zögernden wie der schwungvoll voranpreschen-den sowie selbstverständlich auch der rebellisch trotzigen Anteile. Einseitige Festlegungen, bei der eine Person im-mer die fürsorglich regelnden und versorgenden Anteile übernimmt, die andere in ihrem kindlich versorgten An-teil verharrt, führen zu emotionalem (Dauer-)Schnupfen mit unterschwelliger Verstimmtheit, Eifersucht und Miss-gunst. Da das alles aus quasi moralischen Gründen nicht ausgedrückt sein darf, kommen oftmals zunächst nicht bemerkbare psychosomatische Manifestationen hinzu.

Um genau das zu verhindern, bedarf es einer wirklich offenen und vertrauensvollen Kommunikation zwischen den Partnern; das bedeutet, dass sie auch jene Wünsche, Intentionen und Vorhaben an- und aussprechen, die wir normalerweise geheimzuhalten gewohnt beziehungswei-se oftmals uns selbst kaum einzugestehen bereit sind. Soll ich zum Beispiel wirklich zugeben, noch zehn Kilometer an den sonntäglichen Fahrradausflug dranhängen zu wol-len, nicht weil ich noch so viel überschüssige Energie habe (»Du etwa nicht, Liebling?«), sondern weil ich am Montag in der Frühstücksrunde mit meiner Sportlichkeit punkten und vor der neuen Kollegin eine gute Figur ma-chen will? Soll ich dir wirklich gestehen, einfach keine Lust zur Recherche im Internet zu haben beziehungswei-se – noch viel schlimmer – damit nicht so gut klarzukom-men? Soll ich dir wirklich mitteilen, dass ich schon lange nichts mehr für dich als Mann empfinde und nur noch aufgrund meiner eigenen Ängste vor einem Leben allein und »natürlich der Kinder wegen« hierbleibe? Wie wirst du reagieren, wenn du von mir erfährst, dass ich seit Mitte letzten Jahres weiß, dass mein auf drei Jahre befristeter Arbeitsvertrag am Ende dieses Jahres nicht verlängert werden wird? Was werden unsere Kinder, Nachbarn, Freunde sagen oder denken, wenn offenbar wird, dass ich …? Alle diese Fragen halten viele Menschen oft aus Angst zurück, bestimmte Wünsche oder Bedürfnisse nicht (mehr) erfüllt zu bekommen, wenn sie direkt fragen, etwas offen ansprechen oder gemäß der Realität informieren.

Zu einer offenen und vertrauensvollen Kommunikation gehört neben dem deutlichen Aussprechen eigener Interessen, Wünsche und Vorhaben auch das respektvolle Zuhören. Zuhören bedeutet, die eigene Wirklichkeit für einen Augenblick beiseitezulassen, um die Wirklichkeit des anderen zu erleben. Zuhören bedeutet, wie bereits zuvor angesprochen, sich für einen Moment in die Stiefel des anderen zu stellen, um dessen Empfinden, Denken und Hoffen (dessen Erwartungen) verstehend nachzuvollziehen. Stattdessen sind wir vor allem bei unseren Streitigkeiten so damit beschäftigt, dem anderen mitzuteilen, wie *wir* uns fühlen oder wie *wir* die Situation sehen, dass wir nicht mehr aufnehmen können, wie die Sache für ihn aussieht.

Zuhören bedeutet nicht automatisch Zustimmen. Wir können unsere Partner anhören, ohne ihren Worten zuzustimmen. Wir können ihre Wirklichkeit »erfassen«, ohne dieselbe Wirklichkeit zu teilen. Das ist die Chance geeigneter Kommunikation, die Wirklichkeit des Partners kennen zu lernen und diese nachempfundene Kenntnis zur Grundlage einer Antwort zu machen. Denn zu einem offenen, vorurteilsfrei aufnehmenden Zuhören gehört auch eine respektvolle Antwort, die sich durchaus nach den professionellen Regeln des Feedbacks gestalten darf. Dementsprechend sollte unsere Antwort kurz und informativ sein und erst dann von uns erfolgen, wenn unser Gesprächspartner ausgeredet hat und wir infolge ungeteilten Zuhörens und gegebenenfalls mithilfe klärender Nachfrage nach der Bedeutung des Gesagten relativ sicher sein können, unseren Partner in dessen Sinne verstanden zu haben.

Um das angesprochene Wechselspiel von Sprechen, Zuhören und Antworten zu erleichtern, ist es hilfreich, wenn beide Partner – zumindest bei wichtigen Gesprächen – neben der zuvor skizzierten persönlichen Haltung einem 4-Stufen-Modell der Problemlösung folgen: Dies liegt uns zum Beispiel in der sogenannten »Abwertungsmatrix« der Transaktionsanalyse (Schiff et al. 1975) vor. Diesem Leitfaden entsprechend sollten wir uns bei schwierigen Alltagsproblemen (wie dem Festlegen eines gemeinsamen Urlaubsorts) sowie bei Konflikten, also emotional hoch aufgeladenen Problemen, zunächst jeder für sich und dann in gemeinsamer Absprache fragen:

- Was ist das Problem?
  Wer tut, sagt, unterlässt was, um das Problem entstehen zu lassen, aufrechtzuerhalten, anzukurbeln?
  Anne und Gerd aus unserem Konfliktlösungsbeispiel (siehe Seite 50) finden zunächst heraus, dass es nicht um die Mittagessenzeit geht oder um Interesse füreinander, sondern dass er sich eingeengt und bestimmt fühlt und Anne ohnmächtig, ihn zu bewegen. Beide erleben die scheinbare Macht des anderen in negativer Weise. Damit ist das Problem definiert.

- Was bedeutet dieses Problem für jeden von uns?
  In der Problemklärung ist bereits einiges an Bedeutung aufgetaucht: Anne fühlt sich ohnmächtig wie bei ihrem Vater

und vor allem abhängig von Gerd, da er an die »lebendige« Arbeitswelt angeschlossen ist und nur er Neues aus der Welt mitbringen kann. Gerd fühlt sich durch die immer stärker werdenden Forderungen eingeengt und immer mehr zum kleinen Jungen gemacht, der Mutters überbordender Fürsorge nicht ausweichen kann. In dieser Wahrnehmung bleibt ihm als Ausweg nur der Trotz.

■ Was wären zweckdienliche und befriedigende Lösungen für jeden von uns und für uns gemeinsam? Welche Lösung(en) wollen wir wählen und als für uns geltend akzeptieren?
Als erstes klären sie im Dialog, dass ihre jeweiligen Wahrnehmungen hinsichtlich des Mittagessens von alten biografischen Erfahrungen bestimmt sind und dass sie dies zweckmäßigerweise zukünftig von ihrem gegenwärtigen Erleben trennen. Danach suchen sie Lösungsmöglichkeiten für das konkrete Problem und überlegen, ob sie mittags überhaupt noch miteinander essen sollen, ob sie sich auf bestimmte Tage einigen wollen oder von Mal zu Mal entscheiden wollen? Schließlich finden Sie eine Lösung, die beiden mehr Freiheit gibt, nämlich spontan zu entscheiden und jeweils telefonisch zu klären, ob es sinnvoll ist, mit dem Mittagessen aufeinander zu warten.

■ Was will jeder von uns und was wollen wir gemeinsam konkret tun, sagen, unterlassen, um die gewählte und entschiedene Lösung auszuführen?
Gerd ruft von der Schule aus an, ob er zum Essen kommen wird, Anne plant mit den Kindern unabhängig von Gerd. Wenn beide Planungen übereinstimmen, essen sie gerne zusammen.

■ Wann und in welchem Umfang wollen wir den beziehungsweise die vereinbarten Lösungswege überprüfen? Wie wollen wir uns für eine gelungene Lösung belohnen?

Am Ende des Monats besprechen die beiden miteinander, dass die Vereinbarung gut ist und sie sie beibehalten wollen. Zur Belohnung gönnen sie sich einen Babysitter und einen Abend im Restaurant.

Dieser Weg einer lösungsorientierten und zugleich respektvollen Klärung von Problemen und Konflikten will geübt werden und enthält, wie alle menschlichen Wege, auch Stolpersteine. Die beginnen bereits bei der Problembenennung und – bevorzugt – bei der Klärung seines Ursprungs beziehungsweise Entstehens. Diesen Schritt ohne Schuldzuweisung zu bewältigen ist unseres Erachtens bereits eine reife Leistung. Diese sabotiert manches Paar zum Beispiel dadurch, dass es – wie die Metapher so schön sagt – zwar »oberhalb des Tisches« von Ursachen, Wirkungen und Folgen oder Konsequenzen spricht, »unterhalb des Tisches« aber nicht weniger beinhart über Schuld und Unrecht diskutiert. Leider nutzt da auch die beste Verbalisierungstechnik nichts. Wir selber haben uns diesem anfänglich auch bei uns grassierenden Dilemma durch eine Absprache entzogen: Einer von uns hat grundsätzlich Schuld und die andere hat Unrecht. Durch dieses positive Paradoxon müssen wir uns darum nicht mehr kümmern.

Vermeidet ein Paar den Stolperstein der Bedeutungsbeimessung, kann das zu tiefgehenden und teils verblüffenden Erkenntnissen über den anderen, den man scheinbar so gut kennt, führen. Aber schon wartet der Stolperstein der vorschnellen Beurteilung bei den Lösungsansätzen: »Geht doch gar nicht!«, »Wie willst du das denn machen?«, »Sag mal, spinnst du?«, »Aber doch nicht mit mir« sind nur einige Kostproben klassischer Kommunikationsblockierer. Besser ist der Rückgriff auf die professionellen Regeln des Brainstorming: Alles wird gesammelt beziehungsweise auch aufgelistet, die Bewertung im Hinblick auf Machbarkeit und Zufriedenheit der Beteiligten aber erst am Schluss gemeinsam durchgeführt.

Spätestens an dieser Stelle des Prozesses, oftmals auch schon am Ende des zweiten Schritts (Bedeutungsklärung), empfehlen wir den Paaren in unseren therapeutischen Settings Folgendes: Vereinbaren Sie, in einem ersten Teil einer Problemlösung oder Auseinandersetzung zunächst erst einmal den jeweiligen Standpunkt zu vertreten, ohne den anderen überzeugen zu müssen. Danach sollte(n) im günstigsten Fall eine ganze Nacht, bei echter Zeitbedrängnis wenigstens ein bis zwei Stunden vergehen, bevor das Paar die nächsten Lösungsschritte angeht. Das hat einen doppelten Effekt: Es entschleunigt den Entscheidungsprozess und gewährt die Möglichkeit, die erhaltenen Informationen nochmals zu durchdenken und reifen zu lassen. Gleichzeitig macht sich eine befreiende Wirkung hinsichtlich des Informationsaustausches über Existenz, Erscheinungsweise, Ursache, Bedeutung und Zielvorstellungen bezüglich des Geschehens bemerkbar. »Wenn das jetzt noch nicht entschieden wird, muss ich ja nicht permanent auf meinen Vorteil achten und kann ruhig mehr von dem mitteilen, was mich wirklich bewegt beziehungsweise bewogen hat, das so zu machen, wie ich es ›immer‹ mache.«

Wir nennen diese Übung »Den eigenen Standpunkt vertreten«. Indem man sich davon befreit, den Partner jetzt und hier von der eigenen Meinung überzeugen zu müssen, wird der Druck, der in einer Entscheidungsdiskussion liegt, wesentlich reduziert. Dieser Druck bewirkt beim anderen häufig, sich infrage gestellt und im Wert herabgesetzt zu fühlen. Auf diese Weise schleicht sich unterschwellig der Kampf um den Wert in die Diskussion ein. Ganz schnell geht es dann nicht mehr um die Sache, sondern um den Wert. Einsicht heißt dann Wertverlust und, um den zu vermeiden, wird ebenfalls vermieden, nachzugeben, einzulenken oder den Standpunkt des anderen sogar vernünftig zu finden. Oft enden diese Diskussionen im Krach oder in der Disharmonie und das Thema, über das es zu entscheiden galt, ist aus dem Blickfeld geraten.

Wird die Vereinbarung zur Reflexionspause, sei es von zwei Stunden oder je nach Schweregrad der Entscheidung einer ganzen Woche, positiv genutzt, erleben wir häufig, dass die von den Partnern vorgeschlagenen Lösungen entweder schon übereinstimmen oder ganz nah beieinanderliegen. So können die nachfolgenden Lösungsschritte leicht vollzogen werden. Solches Erleben bestärkt die Beziehung!

Helga und Georg zum Beispiel müssen eine Entscheidung über die weiterführende Schule ihres Kindes treffen. Helga bevorzugt eine Waldorf-Schule, Georg findet, dass hier ein Treibhausklima herrsche, was mit dem realen Leben nichts zu tun habe. Als sie merken, dass ihre Diskussion spannungsgeladen wird, vereinbaren sie die »Standpunktübung«. Helga möchte für ihr Kind einen Schutzraum, in dem es den Gefahren und Härten der Welt noch nicht so heftig ausgeliefert ist und in dem vor allem nicht so ein starker Leistungsdruck herrscht. Georg möchte seine Tochter auf das »reale Leben« vorbereiten und ihr dabei natürlich mit Rat und Tat zur Seite stehen. Er befürchtet ein böses Erwachen für das Kind, wenn es nach der Kultur der Waldorf-Schule mit den, wie er sagt, harten Seiten des Lebens konfrontiert wird.

In der Woche, die sie sich zum Nachdenken geben, wird beiden klar, dass sie beide nur das Beste für ihr Kind wollen und der jeweils andere ihre Tochter »auch nur beschützen will«. Dies tauschen sie beim nächsten Treffen als Erstes miteinander aus. Danach beginnen sie, gemeinsam die jeweiligen Für und Wider abzuwägen. Gleichzeitig hat die gegenseitige Akzeptanz der Standpunkte ein gemeinsames Ziel deutlich gemacht: für ihr Kind Schutz und die bestmögliche Entwicklung zu bewirken. Sie entscheiden deshalb, weitere Schulen zu überprüfen, und finden tatsächlich eine weiterführende Schule, die ihrer beider Anspruch entspricht, eine Schule mit Montessori-Ansatz.

Sollte die Lösung, anders als zuvor angemerkt, trotz der vorangegangenen Denkpause nicht sofort oder wenigstens relativ schnell aufleuchten, empfiehlt es sich, den zuvor beschriebenen Prozess erneut zu durchlaufen. Oder erkennen Sie an, dass die momentane Wirklichkeit »Wir finden keine Lösung« ein Problem ist, und lösen Sie vorab dieses Problem – ebenfalls mit dem beschriebenen Schema.

Auch im nächsten Schritt der Problemlösung, bei der Beurteilung und Auswahl des oder der Lösungswege und der verbindlichen Absprache, wer dabei welchen Part übernimmt, lauern leider noch weitere Stolpersteine. Einer besteht darin, dass das Paar zwar sinnvolle Absprachen trifft, beide Beteiligten aber darauf warten, dass die andere Person beginnt, die Vereinbarungen umzusetzen. Deshalb empfehlen wir in unseren Beratungen den Zusatz: »Ich werde ab … mit meinem Part beginnen, egal ob und wann du beginnst« (siehe auch Exkurs zu Macht, Ohnmacht und Kontrolle, Seite 52).

Beim letzten Schritt auf dem Lösungweg wollen wir gar nicht von Stolpersteinen reden: Es handelt sich nach unserer

Erfahrung um Felsen! »Warum sollen wir uns denn belohnen? Es ist doch Belohnung genug, wenn das Problem, der Konflikt gelöst ist und nicht mehr zwischen uns steht.« In fast jedem Betrieb, zumindest in jedem gut geführten, gibt es am Ende eines Projekts, einer Kampagne, einer Aktion irgendeine Belohnung, einen Ansporn. Aber zu Hause im Paaralltag, wo es ums gemeinsame Überleben als Paar geht beziehungsweise in diesem Zusammenhang immer auch um die psychische und in der Folge auch physische Gesundheit jedes Partners, soll keine Belohnung angebracht und angemessen sein? – Vielleicht ist genau das ein geeignetes (Einstiegs-)Problem für Sie, um die zuvor beschriebenen Lösungswege einmal rein probehalber »durchzuspielen«.

Bleiben drei Schlussbemerkungen zum Thema Kommunikation: Wenn sich zwei Menschen entschlossen haben, ihre Liebe in ein Miteinanderleben einmünden zu lassen, ist die treibende Kraft der Liebe zwar eine gute Grundlage, nicht aber in jedem Fall der Garant für ein gelingendes Miteinanderleben. Dazu müssen die meisten zunächst die positive Sprache der Liebe erlernen, was durchaus mit dem Erlernen einer komplizierten Fremdsprache zu vergleichen ist. Da gilt es nicht nur, jene Wendungen zu erlernen, mit denen die positive Grundstimmung zwischen den Partnern bekräftigt beziehungsweise noch verstärkt werden kann; es sind vor allem jegliche Formen von Abwertungen und von Schimpfworten zu vermeiden. Dies beinhaltet angeblich liebevoll gemeinte Aussagen (wie »Bist halt unser Angsthaserl!«), Beleidigungen (angefangen bei »blöde Kuh«, »Idiot« bis zu »alte Hexe«), Abwertungen (wie »Das ist bei der Menge deines Hirnschmalzes ja auch nicht verwunderlich! Von nichts kommt halt nichts!«) und bösartige Unterstellungen (etwa »Das tust du doch nur, um mir mein Geld zu nehmen!«). Nichts ist der Liebe (auf

Dauer) abträglicher, nichts für den gesunden Fortbestand einer Beziehung tödlicher! Solche Anwürfe und Unverschämtheiten wirken nach dem »Gesetz der Summation unterschwelliger Reize«. Sie kratzen die Basis der Beziehung an und tragen zu einer lang anhaltenden Veränderung der Atmosphäre bei, vor deren Hintergrund der oder die andere plötzlich in einem anderen, weniger positiven Licht gesehen wird. Sie zersetzen die Liebe. Von daher gilt es, solche »Unarten« von vornherein sein zu lassen beziehungsweise sie, falls sie bisher etwa bei Streitereien zum üblichen Sprachgebrauch gehörten, nicht mehr einzusetzen.

Eine positiv veränderte Kommunikation lohnt sich und trägt reichlich Früchte! Voraussetzung ist, dass wir jene Grundkonflikte in uns selbst geklärt haben, die stärker sind als alle kommunikationstechnischen Fertigkeiten. Denn: »Man kann so viel Kommunikation und Konfliktregeln üben, wie man will, es nützt nichts, wenn die grundlegenden Verstrickungsthemen in der Beziehung nicht aufgearbeitet oder berücksichtigt sind« (Brab, 07.05.2010 – mündliche Mitteilung). Gemeint sind Konfliktthemen, die sich in den meisten Paarbeziehungen auf zwei elementare Grundüberzeugungen zurückführen lassen: »Du merkst überhaupt nicht, wie sehr ich dich liebe« und/oder »Ich liebe dich mehr als du mich«. Selbst Streitigkeiten oder Konflikte, die scheinbar nichts damit zu tun haben, sind letztendlich meistens auf eine oder beide Grundannahmen oder deren Varianten zurückzuführen. Sie betreffen damit Einflussgrößen, die nicht mehr nur mit den Mitteln veränderter Kommunikation zu meistern sind, sondern grundlegenderer Bearbeitung bedürfen.

Bleibt ein Letztes anzumerken: Paare, die ständig von »wir« sprechen, werden zwar gerne belächelt, da sie angeblich ihre Individualität aufgegeben haben. »Doch jetzt hat ein Forschungsteam [der Universität von Kalifornien in Berkeley] herausgefunden, dass Menschen, die ihren Lebenspartner in ihre Sprache meistens einbeziehen und ›wir‹ sagen, offenbar besser mit Konflikten in der Partnerschaft umgehen können als Paare, in der jeder ›ich‹ sagt. […] Paare, in denen beide Partner sich als ›wir‹ fühlen und dies sprachlich zum Ausdruck bringen, gehen entspannter miteinander um. Sie sind auch einander mehr zugewandt« (Kurzbeitrag im Tagesspiegel vom 09.02.2010, verfasst von »wsa«). Allerdings ist es notwendig, dass sich bei diesem gemeinsam ausgesprochenen »Wir« jeder auch seines »Ich« bewusst bleibt, damit keine Verstrickung durch ein falsches »Wir« entsteht.

Umgang mit Grundbedürfnissen

In welchem Ausmaß wir Freiheit und Abhängigkeit in der Liebe erleben oder bis zu welchem Grad wir uns mit dem Partner verstricken, hängt immer auch vom Umgang mit unseren Bedürfnissen ab. Wir alle kennen unsere vitalen, physiologisch bedingten Grundbedürfnisse nach Luft, Flüssigkeitszufuhr, Nahrung und Obdach; sie bedürfen zum Aufrechterhalten unserer somatischen wie psychischen Kräfte ständiger Befriedigung. Daneben sind in uns eine Anzahl von psychischen Bedürfnissen vorhanden, die ebenso vehement nach lebenslanger Befriedigung verlangen und deren Nichtbeachtung zwar nicht zu sofort erkennbaren, aber in der Auswirkung nicht weniger schweren Schäden führt. Dies sind unsere *Grundbedürfnisse nach Stimulation, Strokes (Anerkennung, Zuwendung) und Struktur.* Alle drei Bedürfnisarten sind miteinander verflochten.

Das biologisch verankerte *Bedürfnis nach Stimulation* bildet die Basis; seine Befriedigung bewirkt einen wesentlichen Teil unseres Interesses und unserer Freude am Leben.

Auf ihm gründet das *Bedürfnis nach Zuwendung* (Strokes): Es verlangt in seiner ursprünglichen Form nach Streicheln, das heißt nach sinnlicher Stimulation, und weitet sich im Laufe der Sozialisation zum elementaren Wunsch nach Beachtung, Zuwendung und Anerkennung aus.

Das *Bedürfnis nach (Zeit-)Struktur* gründet in den biologischen Rhythmen unseres Organismus (Wach-Schlaf-Zyklus, Schlafphasen, Tagesrhythmus, Mensis etc.). Hierunter fassen wir das psychologische Bedürfnis, die Zeit zu strukturieren, um in ihr den »Hunger« nach Stimulierung und Zuwendung zu befriedigen. Außerdem gehört hierzu die Notwendigkeit von klaren Rollen, Regeln und Abläufen, die für jedes Paar und jede Familie die Grundlage für eine reibungslose Zeitgestaltung und damit harmonische Abläufe im Alltagsgeschehen sind.

Alle drei Grundbedürfnisse müssen lebenslang befriedigt werden. Die Art unseres Umgangs miteinander hängt deshalb wesentlich davon ab, ob überhaupt beziehungsweise in welchem Maß sie befriedigt werden: Fühlen wir uns voneinander genügend angeregt und auch gefordert, also stimuliert? Erhalten wir voneinander genügend Beachtung und Anerkennung, also Strokes? Und empfinden wir genügend Sicherheit, all das im Rahmen unserer Partnerschaft, das heißt in einer angemessenen Struktur erleben zu können? – Die vorhersehbar sichere oder tatsächliche Befriedigung unserer Grundbedürfnisse in der Partnerschaft wirkt kraftspendend, ihre Nichtbeachtung kraftmindernd oder gar kraftraubend.

Obwohl alle drei Grundbedürfnisse zu einer Beziehung beitragen, gilt uns dennoch das Bedürfnis nach Zuwendung oder Anerkennung, der elementare Hunger nach

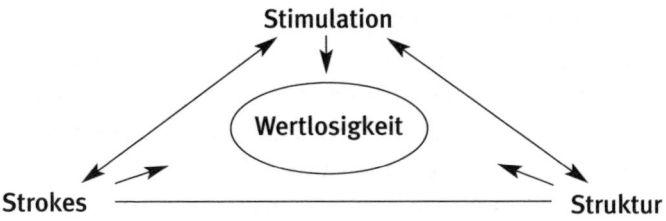

Abb. 5: Zusammenspiel von Grundbedürfnissen und Partnerschaft

Beachtung, als das wichtigste zum Erhalt einer lebendigen Partnerschaft. Neben dem gleichzeitig stimulierend wirkenden körperlichen Streicheln, lernen wir im Laufe unserer Sozialisation auch andere Formen der Anerkennung und Beachtung: zum Beispiel Lächeln, Worte des Lobes, ein vertrautes Gespräch oder sogar Formen strafender Zuwendung als Quellen der Bedürfnisbefriedigung. Auch in Partnerschaften geht es nicht nur um die Aufmerksamkeit im Sinne eines Geschenks oder dem vorbereiteten Lieblingsessen. Es gibt darüber hinaus ein ganz elementares »Gesehenwerden« als Form von Zuwendung und Beachtung, das sich vielfach durch Sprache vermittelt: Wir fühlen uns beachtet, wenn der andere uns sagt, was er bei uns wahrnimmt, zum Beispiel unsere Freude oder unsere Müdigkeit, unser Bemühen um die Kinder oder eine Problemklärung. Zu hören, dass der andere dies sieht, vielleicht manchmal sogar ein »Danke«, ist ein Geschenk. Und unser angeborenes Grundbedürfnis wird befriedigt.

Einige der gelernten Formen von Zuwendung werden von uns positiv (als angenehm) erlebt, andere als negativ (unangenehm) empfunden. Zusätzlich können wir zwischen bedingungsloser Zuwendung und bedingter Zuwendung unterscheiden. *Bedingungslose Anerkennung*

117

meint die Person und ihr Dasein. *Bedingte Anerkennung* bezieht sich auf das, was man tut, ist verhaltensbezogen. *»Positiv unbedingt«* nennen wir eine Aussage oder ein Zeichen wie zum Beispiel eine zärtliche Umarmung beim Heimkommen, mit dem wir uns dafür wertgeschätzt fühlen, dass wir da sind.

»Positiv bedingter« Zuwendung entspricht ein Lob oder auch jede Form von Beachtung unserer Fähigkeiten, unserer Arbeit, unseres Leistungsstrebens und unserer individuellen Besonderheiten.

»Negativ unbedingte« Zuwendung enthält ein Ausspruch wie: »Ich hasse dich!« Diese Art Zuwendung beeinträchtigt eine Person in ihrer psychischen Unversehrtheit und in ihrem Recht auf Dasein. Im Gegensatz zu allen anderen Formen der Anerkennung ist sie für die Existenz und das Wachstum eines Individuums wie für die Gestaltung von Beziehung unnötig, ja sogar schädlich.

»Negativ bedingte« Formen der Zuwendung sind Kritik oder auch das Setzen von Grenzen als eine für die Erziehung wie Anleitung von Menschen unabdingbare Form der Beachtung. Geschieht das respektvoll, dient es der Orientierung. Geschieht es ohne Respekt vor der Würde und Andersartigkeit unserer Mitmenschen beziehungsweise Partner, bewirkt das Abwertung, Herabsetzung und Demotivierung oder lädt zu Rebellion und zum Konkurrenzkampf ein. Eine andere für Partnerschaften typische Variante von bitterer (negativer) Zuwendung ist »doppelbödiges oder schiefes Streicheln«. Damit ist Anerkennung gemeint, die positiv beginnt, aber einen »Pferdefuß« hat, wie zum Beispiel: »Schön, dass du heute mal nicht so viel von den Kindern (oder auch: deiner Arbeit) geredet hast.« Auch sie wirkt abwertend und verletzend.

Menschen, und damit natürlich auch Partner, trachten

jedoch keineswegs immer danach, positive Zuwendung zu bekommen und negative zu vermeiden. Oft ist keine positive Beachtung zu erreichen oder sie wird aus in der Biografie liegenden Gründen abgelehnt. Dann sind viele Menschen – entsprechend ihrer früh erworbenen Erfahrungen und ohne sich dessen aktuell bewusst zu sein – bereit, zur Befriedigung ihres Zuwendungshungers auch negative Beachtung hinzunehmen oder diese sogar zu provozieren. Denn irgendeine Art von Zuwendung, also auch negative, ist besser als gar keine, weil sie wenigstens Aufmerksamkeit und Stimulation vermittelt. Genau das erklärt beispielsweise, warum Paare es aushalten, jahrelang miteinander zu streiten, und sich mit dieser Form der Beachtung begnügen.

Welche Formen von Zuwendung wir im Einzelnen und bevorzugt in unserer Partnerschaft wählen, hängt von unserer biografischen Erfahrung mit Zuwendung und in besonderem Maße vom Modell unserer Eltern ab. Denn jedes Paar, jede Familie wie auch jedes Team oder jede Organisation entwickeln ihre bestimmte Art, Intensität, Häufigkeit und Deutlichkeit, sich gegenseitig zu beachten, einander Zuwendung zu geben und Anerkennung zu zollen. Jedes Paar, jede Familie oder Gruppierung entwickelt also ein eigenes *Zuwendungsmuster*. Dazu gehört, wie wir mit Zuwendung umgehen oder sie in Anspruch nehmen, wie wir sie geben, erbitten, annehmen oder auch zurückweisen dürfen.

Ein besonderes Problem zeigt sich in einer Partnerschaft, wenn die entgegengebrachte Zuwendung ignoriert oder ohne Begründung abgelehnt wird. Denn dies wird fast immer als Zurückweisung und tiefe Verletzung empfunden und ebenso mit Rückzug, Rebellion oder Sarkasmus beantwortet wie respektlose Kritik. Ein ähnlich schwerwiegendes Problem in Partnerschaften oder Beziehungen entsteht durch das altbekannte Vorurteil, erfragte Zuwendung sei keine richtige Zuwendung, die erhalte man nur ungefragt. So als ob ein erfragtes Geschenk aufgrund der Frage kein Geschenk mehr sei. Man kann sich vorstellen, wie dieses Vorurteil zum Verstummen in einer Beziehung führt und der andere nie erfährt, was man sich eigentlich wünscht.

Fassen wir es zusammen: Die Art und Weise der Befriedigung der Grundbedürfnisse entscheidet über die Qualität der Beziehung.

Umgang mit Respekt und Kritik

In jeder Kommunikation transportieren wir Zuwendung und Beachtung – und zwar positiv oder negativ. Dabei drückt sich auch immer eine bestimmte Einstellung aus, die wir unserer Partnerin gegenüber haben, eine Einstellung zu unserer Gleichwertigkeit und zum Respekt, den wir für uns selber und den anderen Menschen haben. Auch diese Einstellungen oder Haltungen sind Basisbausteine einer Beziehung.

- Begegnen wir uns gleichwertig, sozusagen auf Augenhöhe, so ist dies die Grundhaltung des Respekts: Sie drückt aus, dass ich selbst etwas wert bin und der andere auch. Hier spreche ich für mich und billige dem anderen zu, dass er für sich spricht: Wir haben beide das gleiche Recht auf unseren Standpunkt. Diese Haltung erlaubt es, den eigenen Standpunkt deutlich zu machen und auch Ärger oder Kritik zu äußern.
Sind wir verunsichert, angespannt oder in einer Krise, verlassen wir diese Haltung manchmal und greifen auf

dysfunktionale Muster zurück, die wir in unserer Kindheit gelernt haben.

- Eine Person, die sich dann eher kleiner macht (im Abschnitt »Umgang mit Kommunikation« als »untersicher« bezeichnet), achtet den anderen mehr als sich selbst und beugt sich in der Beziehung – oft nur temporär – dessen Bedürfnis oder seiner Meinung. Gleichzeitig überlässt sie dem anderen Verantwortung und Führung. Aus dieser eher »depressiven« oder »unterwürfigen« Position heraus erlebt sie sich leicht als das »Opfer« zum Beispiel des Partners. Aus dieser Opferhaltung versucht sie mit der entsprechenden Anpassung dennoch ans Ziel zu kommen, indem sie bei dem Partner beispielsweise Schuldgefühle bewirken will. Selbst wenn eine solche Strategie kurzfristig Erfolg hat, bewirkt sie langfristig Verstrickung und trägt zu wenig respektvollem Umgang miteinander bei. Mit anderen Worten: Eine Person mit dieser Haltung lädt dazu ein, respektlos mit ihr umzugehen.

- Manche Menschen machen sich größer, als sie eigentlich sind (im Abschnitt »Umgang mit Kommunikation« als »übersicher« bezeichnet). Sie achten sich selbst mehr als die anderen und werten diese durch Arroganz und scheinbare Überlegenheit ab. Gepaart mit einem hohen Kritikbedürfnis kann man auf diese Weise dann zum »Verfolger« seines Partners werden oder gepaart mit selbstgerechtem Wohlwollen auch zum »Retter«, der alles für den anderen tut. Immer jedoch bleibt man ihm überlegen und ist weit entfernt von Respekt.

- Darüber hinaus gibt es Menschen, die weder sich noch andere respektieren beziehungsweise achten und entsprechend achtlos mit sich selbst, den anderen und dem Leben umgehen. Eine solche Haltung liegt oft heftigen Krisen zugrunde, die auch Gewalt gegen sich und andere beinhalten. Hier bedarf es therapeutischer Hilfe, um sie zu überwinden.

Alle drei Abweichungen von einer Grundhaltung beiderseitiger Wertschätzung führen zu Stagnation oder dem Negativkreislauf der Kontrolle und sind natürlich das Gegenteil von Autonomie. Die autonome Grundhaltung des Respekts dagegen bedeutet konstruktive Auseinandersetzung und auch einen angemessenen Umgang mit Kritik.

Respektvoll geäußerte Kritik richtet sich auf das Verhalten oder die Einstellung einer Person, niemals auf die Person selbst. Sie macht deutlich, was wir anders sehen oder uns anders wünschen. Dabei können wir dem anderen natürlich nichts befehlen. Allerdings gehört es zum Respekt, dem anderen zu vermitteln, was sein Verhalten für mich bedeutet und welche Konsequenzen es für mich beinhaltet, wenn er ein bestimmtes Verhalten nicht verändert. Gleichzeitig ist es notwendig, dem Partner klarzumachen, dass das Benennen der möglichen Konsequenzen nicht als Drohung gemeint ist.

Das alles ist nichts Ungewohntes und schon gar nichts Neues für die meisten von uns, wenn wir uns für einen Moment aus dem Bereich des sogenannten »Privaten« in den Bereich des »Professionellen« begeben. Die Notwendigkeit, respektvoll miteinander umzugehen, führt vielerorts zur Ausformung von Verhaltensweisen, die diesen Umgang erleichtern sollen. Da gibt es Feedback-Regeln, Regeln für Kritikgespräche, goldene Regeln des Krisenmanagements oder auch Stufen des Konfliktmanagements. Diese einzuhalten sehen wir uns von oben, also seitens unserer Führungspersonen, wie unten, seitens unserer Mitarbeitern, oder auch aus uns selbst heraus angehalten. Hat das Intimste, was wir besitzen, hat die Liebe zu dir und damit letztendlich auch zu mir, hat unsere Beziehung gerade im Umgang mit Kritik nicht zumindest den Respekt verdient, den wir in unserem professionellen Verhalten üblicherweise zeigen oder doch in aller Regel zu zeigen anstreben?

Wir glauben, die Antwort ist klar! Aber die Umsetzung scheint schwierig zu sein. Einen hemmenden Faktor erleben wir oftmals darin, dass beide Partner zögern, mit dem neuen Umgangsstil zu beginnen, der respektvolle, konstruktive Kritik ermöglicht. Dabei hat jeder bei sich gute Gründe für sein Zögern: Eine Person »geniert« sich vielleicht für die ersten, manchmal noch etwas holprigen Versuche veränderter Kommunikation; eine andere besteht darauf, dass der andere anfangen muss, weil sie selbst es doch immer wieder »vermasselt« oder weil der, der schuldig ist, auch mit der Wiedergutmachung anfangen soll. Mit dieser inneren Argumentation verlassen die Partner die Ebene gegenseitigen Respekts immer mehr und ziehen sich auf eine destruktive Grundhaltung zurück, sei es indem sie arrogant und überheblich oder klein und jammernd werden. Dabei beachtet man weder sich noch den anderen und auch nicht das gemeinsame Wohlbefinden.

Respektvolles Verhalten sich selbst und dem anderen gegenüber erfordert in entsprechenden Momenten dreierlei: den derzeitigen Zustand klar ansprechen; die Zustimmung des anderen erbitten, darüber jetzt oder später (wann?) zu reden; und das Ziel deutlich machen, dass man den jetzigen Zustand gerne beenden will. Manchmal kann es klug sein, zunächst nur den derzeitigen Zustand des beleidigt-trotzigen, lähmenden Schweigens oder der jammernden Anklage zu beenden und sich für einen Zeitpunkt zu verabreden, wo der Anlass besprochen wird. Das gilt gleichermaßen für geringfügige wie gewichtige

Anlässe. Beide können nur im respektvollen Dialog miteinander besprochen und geklärt werden.

Wir schreiben bewusst Dialog und nicht Diskussion. Vieles, vor allem aber Kritisches oder zu Kritisierendes, bedarf zunächst eines einander respektierenden Austausches der jeweils inneren Befindlichkeiten, Gedanken, Überlegungen oder Hypothesen zu sich selbst und/oder dem anderen. Sie vertragen in diesem Zustand noch keineswegs eine Zerkleinerung oder Durchtrennung, was »discutare« in der wörtlichen Übersetzung bedeutet. Sie bedürfen vielmehr des neugierigen, aber gleichzeitig Nähe und Distanz beachtenden Aufnehmens, Anschauens und Abwägens sowie einer wiederum respektvollen, den anderen beachtenden Antwort, die manches Mal allenfalls suchenden Charakter hat. Es braucht die Bereitschaft, jederzeit wieder zuzuhören, das heißt, die eigene Wirklichkeit für einen Augenblick wieder zur Seite zu schieben, um die Wirklichkeit des anderen zu erleben, hörend in dessen Stiefel zu steigen, wie wir es zuvor genannt haben (siehe Seite 106).

Um es nochmals zu betonen: Respektvolle Kritik ist für eine lebendige Beziehung notwendig. Verzichtet man darauf, so schleicht sich auf Dauer eine bleierne Hintergrundstimmung in die Beziehung ein. Und bei der entsprechend abwertenden Grundhaltung kann das auch zu seelischer oder manchmal auch körperlicher Gewalt gegen sich (in Form von Krankheit) oder die anderen (in Form von Kontrolle, Erpressung, unter Umständen Schlägen) führen. Wir kennen etliche Paare, die versucht haben, »ganz harmonisch« ohne Kritik auszukommen und gerade deshalb in zermürbende Verstrickungen bis hin zur Gewalt geraten sind.

Also gilt es, unsere Kritik aus der Haltung gegenseitigen Respekts, das heißt feinfühlig und von Zuneigung getragen, so zu formulieren, dass wir das Störende, das wir ansprechen, durch die Art, wie wir es ansprechen, nicht noch verstärken oder erst recht bedeutend werden lassen oder machen. Wenn ich mich selber achte, kann ich den anderen bitten, mir etwas Nettes zu sagen oder mich einmal kurz in den Arm zu nehmen, anstatt ihn kritisierend anzuklagen: »Du sagst mir ja nie etwas Nettes!«

Bleibt unser Fazit: Respekt und Kritik sind an sich keine Gegensätze, werden aber oft von uns dazu gemacht. Aus einer positiven, einander respektvoll betrachtenden Grundhaltung werden beide in ihrem Zusammenwirken zu fruchtbarem Boden, auf dem unsere Beziehung wachsen und reifen kann.

Umgang mit biografischen Erfahrungen hinsichtlich der Bedürfnisbefriedigung

Neben den oben beschriebenen Grundbedürfnissen kommen noch weitere in uns Menschen angelegte Bedürfnisse in unserem Leben und damit auch in jeder Form von Beziehung vor und melden ihr Recht an. Das ist den meisten Menschen klar, doch nur wenige sorgen aktiv für die Befriedigung dieser Bedürfnisse. Vor allem wissen die wenigsten Menschen, dass die alte kindliche Erfahrung im Umgang mit unseren Bedürfnissen gerade in Partnerschaften zu dysfunktionalen Verhaltensweisen führt. Mit diesen wird dann genau das Gegenteil dessen erreicht, was man eigentlich will – zum Beispiel Krach statt einer liebevollen Umarmung. Deshalb ist es wichtig, einige zentrale Bedürfnisse in ihrem Einfluss auf Partnerschaft zu kennen und deutlich zu machen, was ein Paar im Zusammenhang damit lernen muss, um nicht in Sackgassen zu landen.

Gemeint sind zum Beispiel das *Bedürfnis nach Versorgung,* das vor allen Dingen in frühster Kindheit ausgiebig gestillt werden sollte und der wachsenden Selbstständigkeit entsprechend immer geringer werden dürfte, aber trotzdem erhalten bleibt. So haben auch Erwachsene manchmal ein Bedürfnis, von einem anderen umsorgt zu werden. Kinder, die allzu schnell groß werden mussten und am besten gleich erwachsen sein sollten, neigen als Erwachsene dazu, zu viel Verantwortung auf sich zu nehmen und wenig für sich zu sorgen. Kinder, die allzu lange Kind bleiben sollten, damit die Eltern ihnen Fürsorge angedeihen lassen konnten, übernehmen als Erwachsene zu wenig Eigenverantwortung und laden den Partner dazu ein, dies für sie zu tun.

Über »das Kleine«, also die Person mit wenig Eigenverantwortung, und »den Helden«, die Person mit viel Verantwortung, haben wir bereits im ersten Kapitel berichtet. Die Erscheinung eines Mannes als Held kann zum Beispiel von der Erfahrung geprägt sein, als Ältester die Rolle des Vaters zu ersetzen, der immer abwesend war. Auf diese Weise konnte der Junge sein Bedürfnis nach Versorgung oder auch Abhängigkeit nicht richtig befriedigen und hatte stattdessen zu schnell »groß« zu werden, um Mama zu trösten und die kleine Schwester zu verteidigen. Dafür bekam er ein gehöriges Maß an Beachtung, jedoch um den Preis, das Bedürfnis nach Versorgung nicht zu spüren. Diese Fähigkeit zum Versorgen bringt er als zunächst positive Eigenschaft in seine Partnerschaft ein und erlebt sich gerade damit geliebt.

»Das Kleine« entwickelte ihre Haltung, indem sie Papa mit ihrem Lächeln verzauberte, aber weder allein draußen spielen noch Aufgaben für die Familie oder den Haushalt übernehmen durfte, da sie immer noch zu »klein« war. In der Beziehung zu ihrem Helden fühlt sie sich für ihr Lächeln und ihr vorsichtiges Zögern im Alltag geliebt, zahlt dafür jedoch auch jetzt den Preis mangelnder Eigenständigkeit.

Zur Verstrickung kommt es, wenn der Held zum Beispiel seine Arbeit verliert und mutlos und verzweifelt eine starke unterstützende Partnerin braucht oder wenn »das Kleine« im Zusammenhang mit beruflichen Forderungen die eigene Kompetenz kennenlernt und sich für diese bewundert fühlt. Genau diese Situationen führen zur Krise, in der gleichzeitig auch die Chance steckt, einen adäquateren Umgang mit den jeweils unterdrückten Bedürfnissen zu lernen. Das heißt für den Mann, sich zuzugestehen, dass er Hilfe braucht; und für die Frau, ihre Kompetenz in Besitz zu nehmen und mit dem Mann zusammen Lösungsmöglichkeiten für das Problem zu finden.

Gleich hinter dem Bedürfnis nach Versorgung rangiert unser natürliches *Bedürfnis nach Wichtigkeit,* aus dessen Befriedigung unsere Einschätzung des eigenen Wertes und der eigenen Wichtigkeit resultiert.

Aus der Nichtbeachtung dieses Bedürfnisses entwickeln sich beispielsweise Erwachsene, die wenig Aufhebens von sich machen, selten im Mittelpunkt stehen und sich in ihrer oft hohen Verantwortungsbereitschaft nicht zeigen. Solche Hintergrundpersonen sind dann häufig die Partner von Menschen, die besonders wichtig sind und im Mittelpunkt stehen. Was zunächst als gute Ergänzung erscheint, macht sich spätestens dann, wenn bei dem »unwichtigen« Partner eine Form depressiven Gestimmtseins auftritt, als Dysfunktionalität bemerkbar. Wenn ein Paar eine solche Unausgewogenheit in der Wichtigkeit oder im Geben und Nehmen wahrnimmt, haben beide Partner etwas zu lernen, damit die Beziehung keinen dauerhaften Schaden nimmt: Der »Bedeutende« sollte sinnvollerweise mehr Zurückhaltung entwickeln und deutlicher darauf achten, was der andere braucht. Der »Unbedeutende« muss lernen, zu nehmen, wenn ihm zum Beispiel Aufmerksamkeit entgegengebracht wird. Häufig lag ja in seinem Verzicht die Hoffnung auf Zuwendung, sodass die Beachtung, die verfügbar ist, im Sinne des alten Musters gar nicht mehr wahrgenommen werden kann. Genau damit aber hat der »Unwichtige« seinen Anteil zur Schaffung des Ungleichgewichts beigetragen. Eine Entwicklung der Beziehung geschieht nur dann, wenn beide Personen neue Muster üben.

Ebenfalls sehr früh in unserem Leben sammeln wir Erfahrungen im Hinblick auf unser *Bedürfnis dazuzugehören*, zunächst zu Vater und Mutter, der Familie, später zur Nachbarschaft, Schicht, Gemeinde oder noch viel später zur beruflichen Zunft und zu unserer Partnerschaft. Erfahren Menschen in ihrer Kindheit eine Außenseiterposition, sei es in der Familie oder auch in einer Randgruppe der Bevölkerung, so entwickeln sie eine mehr oder weniger ausgeprägte Einstellung, aus der heraus sie sich anderen Menschen trotz äußerer Zugehörigkeit nicht zugehörig fühlen und zum Einzelgängertum neigen.

In einer wohnlich sehr beengten Nachkriegssituation darf ein kleines Mädchen zum Beispiel nicht mit ihren Eltern und den zwei Schwestern in einem Zimmer schlafen, sondern muss einen weit entfernten Schlafraum mit den Großeltern teilen. Als erwachsene Frau merkt sie, dass es ihr bei geselligen Gelegenheiten schwerfällt, ohne besondere Funktion einfach nur dabei zu sein. Sie fühlt sich dann fehl am Platze, zieht sich am liebsten mit einer einzelnen Person zu einer Unterhaltung zurück oder geht gern früh nach Hause. Dadurch kommt es zu Konflikten mit ihrem geselligkeitsliebenden Mann. Erst eine schrittweise Konfliktklärung, wie wir sie im Bereich »Umgang mit Kommunikation« angesprochen haben (siehe Seite 104), hilft ihnen, die Hintergründe zu klären. Obwohl die Frau ihre alte Haltung, »nicht dazuzugehören«, nicht auflösen kann, finden die beiden in der gegenseitigen Akzeptanz des »So-seins« eine für beide befriedigende Lösung. Dies setzen sie zum Beispiel um, indem er ihr Wohlwollen hat, wenn er länger bleibt.

Weitere kindliche Erfahrungen kreisen um das *Bedürfnis, man selbst zu sein, identisch zu sein.* Kinder wollen so angenommen sein, wie sie sind, mit ihren Stärken, Eigenheiten und Schwächen. Sie wollen eine eigene Identität entwickeln, ein Empfinden für das, was sie sind und wie sie sind. Sollen sie anders sein, zum Beispiel größer, besser, intelligenter, so entwickeln sich Persönlichkeiten, die nicht »sie selbst« sein dürfen. Sie versuchen dann, wie im Anfangskapitel beispielhaft geschildert, bestimmten, idealisierten Bildern zu entsprechen, und setzen meist viel Energie ein, um diese Bilder auch tatsächlich auszufüllen. Sie haben dabei aber wenig bewusste Empfindungen für das, was ihnen wesensgemäß ist, das heißt, für das, was sie authentisch wünschen und wollen, und für das, was für sie eigentlich befriedigend wäre. Deshalb brauchen sie viel und kontinuierliche (Ersatz-) Bestätigung für die Anstrengung, mit der sie ihren eigenen idealisierten Ansprüchen und den fantasierten Ansprüchen der anderen gerecht zu werden versuchen.

Die Rechtsanwältin Karin ist einer dieser Menschen, denen es schwer gemacht wurde, mit sich selbst identisch zu sein. Sie erlebt die alte Erfahrung, so wie sie ist, nicht angenommen zu werden, in der Variante »nicht richtig zu sein«. Diese Erfahrung ist ebenso tiefgreifend, wie Peters Drang, sich immer anzustrengen. Obwohl sie beide mehrfach miteinander über ihre Konflikte sprachen, konnten sie sie allein nicht lösen und nahmen Paarberatung in Anspruch. Diese konnten sie erfolgreich beenden und von Trennung ist heute nicht mehr die Rede.

Wie wir schon im Abschnitt »Umgang mit Kommunikation« gesagt haben, lassen sich dysfunktionale Verhaltens- und Erlebensmuster nicht immer durch eine gute Kommunikation lösen. Oft sind alte Erfahrungen so sehr Teil der Persönlichkeit, dass sie professionelle Hilfe zu ihrer Verminderung brauchen. Erfreulicherweise ist es kein Zeichen mangelnder Lebensbewältigung mehr, professionelle Hilfe in Anspruch zu nehmen.

Weitere kindliche Erfahrungen betreffen das *Bedürfnis, selbstständig zu sein.* Sowohl Überbehütung wie auch stark einschränkende Verbote können bewirken, dass sich ein Kind nicht altersangemessen ausprobieren und damit Vertrauen in seine eigenen Fähigkeiten gewinnen kann. Es wird daher immer wieder andere suchen, die es »an die Hand nehmen« und ihm sagen, was es darf und was es nicht darf. Ein solches Kind wird weder selbstständig noch erwachsen werden.

Ein junger Unternehmensberater hört auf, bei einer großen Unternehmensberatung zu arbeiten, und macht sich beruflich selbstständig. Anfangs hat er jedoch zu wenig Aufträge. Er wendet sich daher an einen Coach, um seine berufliche Situation zu besprechen. Im Gespräch wird klar, dass er seine Frau dafür verantwortlich macht, dass er nicht genügend Aufträge hat, da er sie, die ebenfalls berufstätig ist, zu viel bei den Kindern unterstützen müsse. Weil er es ihr recht machen müsse, könne er sich nicht wirklich dem Aufbau seines

Geschäfts widmen. Im Weiteren wird deutlich, dass er sich in allem, was er will, sehr von seiner Frau abhängig macht und innerlich für alle seine Schritte eine Erlaubnis von ihr erwartet. In seinen Coaching-Stunden gilt es daher zu erarbeiten, wie er selbstbestimmt und selbstverantwortlich sein Geschäft entwickeln kann.

Auch das *Bedürfnis, die Initiative zu übernehmen,* kann in mehrfacher Weise bereits in früher Zeit eingeschränkt werden. Sind die Eltern oder sonstige wichtige Bezugspersonen ängstlich im Durchsetzen eigener Belange oder reagieren sie mit starker Angst, wenn das Kind den nächsten Entwicklungsschritt tut und Neues ausprobieren will, vermitteln sie dem Kind deutlich, dass alles voller Gefahr ist. Damit begünstigen sie nicht nur übergroße Vorsicht und Ängstlichkeit, sondern bremsen auch die Initiativkraft.

Ein Ehepaar »fürchtet sich« vor den Wochenenden, weil sie unstrukturiert und ereignislos »vor sich hindümpeln« und keiner recht weiß, was er machen soll. Auf Nachfrage stellt sich heraus, dass sie zum Beispiel als Kind und Jugendliche nicht allein mit der Straßenbahn fahren durfte und auch anderweitig stark eingeschränkt wurde. Er war als Kind das gesamte Wochenende einem strengen kirchlichen Ritual unterworfen, dass keinen Raum für Eigeninitiative ließ. Beide erwarten eigentlich voneinander die entsprechende Initiative und so kommt es zu viel vergeudeter Zeit und Unmut. Auch hier hilft der Dialog, in dem beide sich bewusst machen, warum sie so passiv sind, und die jeweils individuelle Verpflichtung eingehen, aktiv zu werden, auch wenn der andere es nicht wird.

Um Eigenständigkeit und ihre Einschränkungen geht es auch bei dem *Bedürfnis, eigene Gedanken und Gefühle zu haben.* Entmutigen Eltern zum Beispiel ihre Kinder dadurch, dass sie alles »besser wissen«, einschließlich dessen, was ihre Kinder fühlen, so resultieren daraus oft erwachsene Menschen, deren Gefühle blockiert und damit nicht mehr richtungsweisend sind.

Analog dem misslichen Umgang mit ihren Gefühlen erleben Kinder ebenso häufig – manchmal sogar gleichzeitig – eine Einschränkung ihres Bedürfnisses, eigenständig zu denken. Werden Kinder in ihrem Denken blamiert und ausgelacht oder erfahren, dass ihr Denken immer falsch, das der Eltern jedoch immer richtig ist, so lernen sie, ihrem eigenen Denken nicht zu trauen und/oder eigenes Denken nicht zu äußern. Sie misstrauen meist auch als Erwachsene den Ergebnissen ihres eigenen Denkens, überprüfen es daher immer wieder, stellen es infrage oder bewerten die Denkergebnisse anderer grundsätzlich höher und richtiger als die eigenen. Dadurch werden Selbstständigkeit, autonome Entscheidungen und Handlungen eingeschränkt.

Ein ähnliches Erscheinungsbild zeigen Menschen, die als Kind die Erfahrung gemacht haben, dass das *Bedürfnis nach Erfolg* nicht akzeptiert wurde. Werden Kinder zum Beispiel mit Aussprüchen wie »Du hast zwei linke Hände« oder »So geht es nicht, lass mich das machen« entmutigt, etwas auszuprobieren und sich auf diese Weise ihrer Fähigkeiten bewusst zu werden, führt das oft dazu, dass sie sich als Erwachsene in hohem Maße anstrengen, ein bestimmtes Ziel zu erreichen, es kommt aber kurz davor zu einem Misserfolg.

All diese frühen Erfahrungen können sich in der Partnerschaft auswirken. Der Umgang mit den zuvor genannten Bedürfnissen entscheidet wesentlich mit darüber, ob Paare durch alte Erfahrungen stark eingeschränkt werden oder nicht. Haben Menschen in ihrer Partnerschaft genügend Ressourcen, wie zum Beispiel Zuneigung oder Bindungsfähigkeit, und genügend Werkzeuge, wie zum Beispiel die Fähigkeit zum Dialog oder gegenseitiger Beachtung, können sie ihre Bedürfnisse in ausbalancierter Weise leben und befriedigen. Ist dies nicht gegeben, so entsteht Mangel und Stress und es werden die alten dysfunktionalen Muster aktiviert, was in eine Negativspirale führt. Insgesamt ist dies ein weites Feld möglicher gegenseitiger Unterstützung, aber auch der Verletzung und Verstrickung.

Umgang mit unserer Körperlichkeit

»Über Sex, da reden wir manchmal, für meinen Geschmack allerdings auch viel zu wenig, aber über unseren Körper? Das kommt höchstens vor, wenn meine Frau mal wieder meint, sie habe zugenommen. Aber sonst? – Mag ja sein, dass das im Alter anders wird, aber noch ist das kein Thema.«

Unser Körper als das Gefäß und Reservoir, aus und mit dem wir täglich unsere Ideen, Wünsche und Interessen in Handlungen umsetzen, ist – unserer Kultur entsprechend – fast ausschließlich in seiner Leistungsfähigkeit von Interesse. Ausnahmen von dieser sehr einseitigen Sicht des Menschen als Geistwesen und seines Körpers als »Bruder Esel« (Franz von Assisi), der die Last der Tage zu tragen hat, bieten nur jene Zustände, in denen wir uns krank fühlen oder tatsächlich erkrankt sind. Oftmals werden wir erst dann hellhörig für unseren Körper und bemerken, dass wir bisher, dem »Bruder Esel«-Prinzip ent-

sprechend, davon ausgegangen sind, dass er zu funktio-
nieren und sich der Kontrolle unseres Willens zu beugen
hat. Oder wir stellen ebenso erstaunt fest, dass wir uns
zwar regelmäßig und mit System im sportlichen Training
geschunden haben, dabei aber eher die Peitsche ge-
schwungen haben, als uns wirklich ausgleichende Pflege
angedeihen zu lassen, die unsere körperliche Veranlagung
berücksichtigt. Auch wenn unsere Körper – vor allem in
jungen Jahren – lange Zeit alles mitmachen, ist nicht zu
erwarten, dass sie das ewig machen.

Krankheiten werden so oftmals zum Lehrmeister unserer Körperlichkeit, die uns zwingen, anders mit uns umzugehen und auch unsere Vergänglichkeit anzuerkennen
und in unser Leben einzubeziehen. Sie können uns zum
einen lehren, sorgsamer und liebevoller mit diesem kost-
baren Gut umzugehen. Und zum anderen kann uns gerade der Blick auf unsere Vergänglichkeit die Freude an
unserem Körper als Sitz und Träger unserer Lebendigkeit
lehren, mit dem wir sehen, hören, riechen … gehen, laufen, tanzen … lieben, streiten, zärtlich sein …, kurz: all
das tun und erleben dürfen, was unser Leben reich macht.

Und was hat das mit Liebe und Beziehung zu tun? Nun
zunächst einmal gilt, dass alles, was jeder der beiden Partner für sich und seinen Körper tut, sich zumindest indi-
rekt auch auf die Beziehung auswirkt. Das erfährt man
bei jeder Krankheit, aber auch bei jedem freudigen Ereignis, das einer von beiden erlebt. Wenn jeder für sich für
»einen gesunden Geist in einem gesunden Körper«, für
seelisches und leibliches Wohlbefinden sorgt, profitieren
beide davon. Wenn einer von beiden eine körperliche Einschränkung zu ertragen hat, müssen beide lernen, damit
umzugehen. Aber manches, was den Körper betrifft, lässt
sich auch zusammen gestalten. Davon überzeugt mich

immer wieder ein Paar, das offenbar mehrmals in der Woche gemeinsam joggt und mir dadurch auffiel und noch immer auffällt, dass man ihre meist fröhliche Unterhaltung, vor allem aber ihr Lachen schon weit voraus und lange hinterher hört, wenn man ihnen beim Joggen begegnet. Das gemeinsame Gestalten pflegen auch unsere Freunde, die leidenschaftliche Wanderer sind und sich gerade auf einer ihrer Etappen auf dem Fernwanderweg von der Ostsee bis zum Mittelmeer in der Höhe von Milano befinden: ein trotz mancher Anstrengung vergnüglicher Sport, wenn man beide erzählen hört. Das gemeinsame Erleben ist ein wesentlicher Anteil ihrer Beziehung und der Verlauf der Wanderungen bietet ihnen immer wieder den Spiegel ihrer Beziehung: Spornen sie sich gegenseitig an oder rivalisieren sie miteinander? Fühlen sie sich durch die abnehmenden Kräfte des einen ermutigt, selbst Pause zu machen, oder daran gehindert, die eigenen Kräfte auszuschöpfen? Sind es Tage des Gleichschritts oder des Hinterherzockelns? Die Reflexion dieser Themen sagt ihnen häufig etwas über ihre Beziehung und bringt dabei auch das Gespräch über ihr Miteinander in Gang. Sie haben immer wieder erlebt, dass die letzten Tage der Wanderschaft meistens körperlich und seelisch die harmonischsten sind.

Oder wie steht es um den gemeinsamen Genuss zugleich gesunden und schmackhaften Essens und Trinkens, das nicht nur Leib und Seele der Einzelnen zusammenhält, sondern auch die Gemeinschaft der gemeinsam Genießenden erfreut, beschwingt und immer wieder neu bindet? Nicht umsonst heißt das alte Sprichwort: »Die Liebe geht durch den Magen«.

Zu unserer Körperlichkeit gehört natürlich auch der Umgang mit unserer Sexualität, die in der Regel in eine liebende Beziehung oder Partnerschaft verwoben ist, obwohl Liebe und Sex nicht dasselbe sind: Liebe ist nicht Sexualität und Sexualität nicht automatisch Liebe. Es handelt sich vielmehr bei beiden um unterschiedliche Energien. Trotzdem genießen die meisten von uns jene herrliche und bereichernde Komponente, wenn beide Energien gemeinsam auftreten. Auch hier erzählen die Körper von Harmonie und Dissonanzen in der Beziehung. Und viele Menschen entdecken ihren Körper erst durch die sexuelle Begegnung. Für manche Menschen – oft Männer – ist sie zeitweise das einzige Erleben, in denen sie sich ihres Körpers gewahr werden.

Wir wollen das Thema Sexualität mit allen seinen Komponenten in diesem Buch nicht vertiefen, da es unseres Erachtens genügend Bücher zu gutem Sex in der Partnerschaft gibt. Im Zusammenhang mit Freiheit und Abhängigkeit in der Liebe wollen wir jedoch einige immer wieder auftauchende Problemstellungen ansprechen, in denen das Thema Sexualität zum Ausgangspunkt von Verstrickungen und Konflikten wird. Dabei beginnen wir mit den immer wiederkehrenden Zwistigkeiten um die Einhaltung bestimmter Rituale: erst Nähe, die man sich aus männlicher Sicht »erarbeiten« muss, und dann Sex? Oder erst Sex und dann, nachdem aller Stress im Akt des Vollzugs abgefallen ist und Entspannung eintritt, selbstverständlich Nähe? Wie oft haben wir erlebt, dass Männer aus dieser von ihnen vorgenommenen Codierung heraus glauben, vor allem Wohlverhalten, aber auch alle möglichen Verwöhnungsrituale (wie guter Wein, entsprechende Musik, Kerzen etc.) »vorweisen« zu müssen, um endlich zum Ziel kommen zu »dürfen« – wozu sie nach so viel Anstrengung vermeintlich »ein Recht haben«. Umso erstaunter, ja vielfach auch enttäuscht oder sogar gekränkt sind sie, wenn all das zu spürbarer Lustlosigkeit auf Seiten der Frauen oder sogar auf strikte Zurückweisung stößt. Sie erleben dann in der Beziehung die alten unbefriedigenden Erfahrungen, wie in unserem beschriebenen Beispiel Tom und Maria (siehe Seite 32). Männer können dann in ihrer Enttäuschung, es Frauen – wie schon damals bei Mutter – nie recht machen zu können, gar nicht verstehen, dass sich die Partnerin auch durch die freundlichsten Rituale und alles Entgegenkommen nicht bestimmen lassen wollen und sich vielmehr eher manipuliert vorkommen. Frauen erleben den Partner dann oft als Mutters braven Jungen und nicht unbedingt als den attraktiven Verführer, dem sie sich gerne ergeben und hingeben würden.

Noch komplizierter gestaltet es sich, wenn beide, wie oft, zusätzlich unterschiedliche Zeit- und Zielvorstellungen haben: Er findet Sex toll am Abend, sozusagen als Abschluss, Belohnung und Entspannung, sie dagegen als noch eine Anstrengung, die sie bewältigen soll, wo es doch morgens früh, wenn sie ausgeruht und entspannt ist, so schön sein könnte – selbst wenn sie dafür eine halbe Stunde vor dem Weckerklingeln aufwachen muss. Diesen Konflikt erleben besonders häufig Paare, die kleine Kinder haben, für die die Frau ganztägig hauptsächlich mit körperlicher Zuwendung sorgt; aber auch anderen Paaren ist er nicht unbekannt. Nicht selten kommt es auch dadurch zu Frustrationen, dass durch Zärtlichkeiten sexuelles Begehren geweckt wird, das ohne weitere Absprachen zu sexuellen Aktivitäten des einen führt, durch die sich die andere bedrängt fühlt.

Wir glauben, alle diese Vorkommnisse oder ihre Varianten kennt jedes länger miteinander lebende Paar und weiß auch, wie leicht es ist, in solchen Momenten auf all die dysfunktionalen, pauschalisierten Gedanken zurückzugreifen: was wir immer schon von uns und dem anderen gewusst beziehungsweise mit dem anderen Geschlecht erlebt haben und was wir in genau dieser oder ähnlichen Situationen bestätigt finden. »Ich kann's den Frauen doch nie recht machen!«; »Er ist ja nie zufrieden und muss immer noch mehr haben!«; »Typisch Männer!«; »Typisch Frauen!« etc. – Was tun?

Lösungsansätze scheinen uns in zwei Richtungen zu weisen. Für beide ist das offene Gespräch über ihre Vorlieben wie Abneigungen angesagt: im Hinblick auf die Art des Angesprochenwerdens, im Hinblick auf die Zeit (morgens, abends, zwischendurch), im Hinblick auf unpassende Bedingungen (Ort, Kinder, Nachbarn, im Garten) und im Hinblick auf andere Themen, die für jeden von beiden in das Erleben ihrer Sexualität hineinspielen. Wenn das offen ausgesprochen und vom anderen als Information zur Kenntnis genommen wird, ist bereits viel gewonnen. Wenn es den Partnern dann noch gelingt, sich auch darüber zu verständigen, was sie in diesem Zusammenhang erleben und welche Bedeutung das für sie hat (»Wenn du den ganzen Abend für gute Stimmung sorgst, kommt mir das vor wie ein braves Hündchen, das gleich seinen Knochen als Belohnung will«), so schafft dies eine solide Grundlage für das Finden gemeinsamer Lösungen. Dazu gehört auch, dass man sich über die Bedeutung von Sexualität austauscht und sich gerade hier in diesem Bereich erlaubt, sich von den Bildern, die uns umgeben, zu befreien.

Die allgegenwärtigen Bilder suggerieren uns, dass gelingende, lustvolle Sexualität ein »Muss« ist, dass man immer und überall dazu Lust haben müsse und unser Körper auch immer in der Lage dazu sei, zu »können«.

Andererseits zeigt sich in der Realität zum Beispiel, dass Männer unter zunehmendem Stress immer häufiger an Erektionsstörungen leiden; es ist zu vermuten, dass diese zunehmen, umso mehr ein Mann sich in der Diskrepanz zu gesellschaftlichen Erwartungen fühlt und dann den Eindruck hat, auch der Partnerin nicht genügen zu können. Oder die Realität zeigt uns Frauen, die oftmals in eine sexuelle Begegnung einwilligen, obwohl sie keine Lust dazu haben, »nur damit er sich nicht anders orientiert«. In beiden Fällen kann nur ein Gespräch über die tatsächlichen Erwartungen reale Erleichterung schaffen.

Oft besteht Klärungsbedarf auch darüber, was denn die Hingabe an das »Du« eigentlich bedeutet. Wenn sie einzig und allein im sexuellen Einssein angesiedelt wird, so ist dies ungeheuer erwartungsbefrachtet. Und Paare sind leicht enttäuscht, wenn »es« so schön und lustvoll war, jedoch nicht zum »totalen Aufgehen im anderen« (was das auch immer sei) geführt hat. Denn hier spielt die gesamte (Heils-)Erwartung, die man an den anderen hat, hinein. Wird man dann diesen Erwartungen nicht gerecht, so fühlen sich beide Partner leicht als Versager mit entsprechenden Frustrationen und Schuldgefühlen. Daher ermutigen wir jedes Paar, herauszufinden, welchen Stellenwert Sexualität in seiner Beziehung hat, und diese in seiner spezifischen Form von Intimität zu leben.

Darüber hinaus ist es für jedes Paar hilfreich, ein offenes Gespräch darüber zu führen, wofür Sex und dessen Ablehnung generell in ihrer Beziehung steht. Geht es wirklich um Lust und Begehren, oder steht Sex für etwas ganz anderes, was ich sonst nicht bekomme oder zu verwirklichen vermag. Ist das vielleicht noch die einzige Weise, bei der ich dir noch glaube, dass du mich liebst? (Wo ich mich selber/uns doch schon lange aufgegeben

139

habe?) Oder: Ist Sex das einzige Vergnügen, die einzige Entspannung, die ich mir in meinem sonst ausschließlich von Pflichterfüllung geprägten Leben erlaube? Dass diese Fragen dann allerdings ausschließlich im partnerschaftlichen Dialog zu lösen sind, bezweifeln wir, da sie unseres Erachtens tiefgreifende Lebenskonzepte betreffen; zu deren Korrektur könnte die Hilfe von Fachleuten beitragen. Aber für viele (Ehe-)Partner wäre es bereits ein Gewinn, wenn eine solche Notwendigkeit, ein solches Vorhaben miteinander und nicht gegeneinander geklärt werden könnte.

Im Umgang mit unserem Körper ist das Thema Zärtlichkeit besonders wichtig. Denn der große Bereich von Intimität zwischen sexueller Lust und Dialog wird durch Zärtlichkeit gestaltet. »Cultivez la tendresse«, (»Kultiviere die Zärtlichkeit«) war ein Schlagwort unserer Jugend, obwohl wir damals die tiefgreifende Bedeutung dieses Satzes nicht geahnt haben. Unser Motto aber war nicht falsch: Denn es ist ausschlaggebend, dass unser Bedürfnis nach Streicheln und Geborgenheit lebenslang durch Zärtlichkeit befriedigt wird. Und zärtliche Berührungen zwischen einem Paar stellen eine gemeinsame Sprache dar, die in jeder Partnerschaft einmalig ist und meistens von keinem Dritten gelesen oder gesprochen werden kann. Dies hat nichts mit der Häufigkeit von Berührungen zu tun, sondern damit, wie »Sich verstehen« und »Den anderen sehen« sich in Körperlichkeit ausdrücken. Das Streicheln, der Kuss, der Arm über den Schultern, das Kuscheln beim Fernsehen, der Händedruck bei Angst, die liebevolle Umarmung drücken oft etwas aus, was Worte nicht können oder wofür wir Worte unpassend finden. Und nach unserer Erfahrung – sowohl bei uns selbst als auch bei unseren Klienten – lassen sich auch

Spannungen leichter überwinden, wenn körperliche Berührungen ausgetauscht werden. Man kann beispielsweise sehr wohl gegenteiliger Meinung sein und seine Standpunkte vertreten, während man sich gleichzeitig mit den Füßen berührt. Ebenso ist es für viele Paare eine wichtige Erfahrung mit Zärtlichkeit, wenn sie nach einem großen Krach stumm im Bett liegen und einer den anderen einfach noch einmal berührt, vielleicht mit einer Hand auf der Schulter. Denn dies bedeutet, sich der Beziehung zu versichern, auch wenn es gerade ganz schwer ist. Also: Cultivez la tendresse!

Wenn Sie sich gleich für weiteres Handwerkszeug, nämlich den Umgang mit Nähe und Distanz, interessieren, so lesen Sie bitte auf S. 144 weiter. Hat Ihnen das Thema »Zärtlichkeit« Lust auf mehr gemacht, so lesen Sie den nachfolgenden Exkurs.

Sinnlichkeit und Freude in der Beziehung: ein Exkurs

Betrachten wir Freiheit und Abhängigkeit in der Liebe, so nehmen die Themen Sinnlichkeit und Freude einen besonderen Raum ein. In der Sinnlichkeit, das heißt, indem wir die andere Person sehen, riechen, hören, fühlen und schmecken, empfinden wir ihren Wert und erfahren unseren eigenen aus ihrer Antwort auf unsere Sinnlichkeit. Sich begehren bedeutet auch, in die gegenseitige Sinnlichkeit einzutauchen und dabei nicht nur unser Bedürfnis nach Stimulation und Zuwendung zu befriedigen, sondern dem anderen in einer tragenden Dimension jenseits von Sprache, Denken und Intellekt zu begegnen. Für viele Paare kann in diesem Bereich Begegnung und Bindung noch am ehesten aufrechterhalten werden, auch wenn es auf anderen Ebenen viel Trennendes gibt. Und umgekehrt lassen sich viele Unstimmigkeiten oder Konflikte darauf zurückführen, dass die Sinnlichkeit bis hin zur Sexualität kein selbstverständlicher Teil der Beziehung ist oder sogar vermieden wird. Denn das Erleben in der Sinnlichkeit ist eines der stärksten Gegengewichte für die Gleichförmigkeit des Alltags und ein ebenso starkes Anzeichen für den Wert, den wir füreinander haben. Dabei muss es durchaus nicht immer vollzogene Sexualität sein, die die Sinnlichkeit lebendig hält. Vielmehr können wir uns auf allen Feldern, in denen wir Sinneswahrnehmungen haben, zeigen und den anderen damit einladen, uns wahrzunehmen. Kurz gesagt, wir können dafür sorgen, dass die andere Person uns zum Beispiel gut riechen kann oder uns gern anschaut. Denn auch in der Achtsamkeit für uns selbst und unser Äußeres zeigen wir dem anderen, dass wir von ihm wahrgenommen und begehrt werden wollen. Und auch auf diese Weise richten wir unsere Aufmerksamkeit auf das Erlebens- und Begehrenswerte und tragen zu einer positiven Grundstimmung bei.

Die positive Grundstimmung einer Beziehung ist neben der Bindung das Kraftreservoir, aus dem he-

raus wir mit der Welt um uns herum umgehen können und dessen Energie bis in viele Verästelungen
unseres Lebens hineinreicht. Dazu gehört, gemeinsam zu feiern, zu tanzen und zu genießen. Daher ist
es jammerschade und fatal, diese Erfahrungen, die
uns aus dem Alltag herausheben und die die positive Spannung zwischen zwei Menschen beleben,
nur in der ersten Phase der Verliebtheit wirksam
werden und sie mit fortdauernder Beziehung einschlafen zu lassen. Beziehung ist vielmehr der Ort
für Lebensfreude, auch wenn man älter wird beziehungsweise gerade dann. Gerade dann kann ich bevorzugt meinem Partner anvertrauen, dass ich immer noch eine Nacht durchtanzen möchte, ja ich
kann ihn sogar bitten, dafür zu sorgen, dass das
möglich ist. Und wenn es nicht das Tanzen ist, so
finden sich andere Gestaltungsmöglichkeiten, in
denen die Freude zu ihrem Recht kommen kann,
auch unabhängig von Einkommen oder anderen
materiellen Sicherheiten.

Anders ausgedrückt: Beziehung hätte nur einen
einseitigen Wert, wenn sie nur der Ort für Bindung,
Sicherheit und persönliches Wachstum wäre. Gerade in der Möglichkeit der Bedürfnisbefriedigung
bietet sie vielmehr den Raum, im Hier und Jetzt
lebendig zu sein. Und ihr Reichtum besteht neben
Tiefgründigkeit und stiller Freude eben auch darin,
Platz zu haben für Leichtigkeit und Tanz, Spaß und
liebevolle Eitelkeiten. Parfum und Wein neben kla-
rem Quellwasser und frischem Brot.

Umgang mit Nähe und Distanz

Weil Liebe ewig dauern soll, wird Partnerschaft oder Beziehung allzu (vor)schnell als eine Art »Seinszustand« empfunden. Es wird angenommen, dass sich dieser so, wie er sich im Zuge des Verliebtseins wie von selbst eingestellt hat, sicherlich auch von selbst erhalten wird. Die Erfahrung des Geliebtwerdens verdrängt für eine Weile alle inneren Ängste, Zweifel, ja sogar die innere Überzeugung, nicht liebenswert zu sein, die viele von uns in sich tragen. Durch den geliebten Menschen dürfen wir endlich auch unsere eigene Liebe zu uns selbst spüren.

Zu diesem Zeitpunkt beziehungsweise in diesem Zustand kann die Nähe zum Du nicht nahe genug sein. Jetzt scheint der Begriff des »Miteinander-Verschmelzens in Liebe« der einzig passende und angemessene zu sein. Genau diese Empfindung birgt jedoch bereits den Keim einer Gefahr: Wenn meine Wertschätzung, ja darüber hinaus sogar mein Wert, von meinem Partner abhängig ist, bin auch ich abhängig und erlebe die Gefahr, von ihm geschluckt beziehungsweise bestimmt oder von ihm fallen gelassen, also nicht mehr geliebt zu werden. Beides jedoch bedeutet, dass ich für mich selbst nicht mehr zähle oder nur noch durch »seine Gnaden« wertvoll bin. Dies hat zur Folge, dass ich mich mit meinen Wünschen und Bedürfnissen, oft auch mit meiner Meinung und meinem Denken so weit zurücknehme, dass es wirkt, als würde mein Ich, meine Persönlichkeit aufgesogen oder sogar verschlungen. Diese Empfindung kann sich wie »Ausgelöschtsein« anfühlen. Das bewirkt zunächst die Angst, nicht mehr »da zu sein«, und in der Folge auch die Angst vor dem Verlassenwerden.

Was hilft da schneller als ein handfester Krach, um uns aus diesem Dilemma zu befreien? Dieser kommt uns »erschreckend« vor, insbesondere deshalb, weil wir eben noch liebevoll vereint, ein Herz und eine Seele waren. Aber plötzlich ist die andere Person »schlichtweg doof«. Zumindestens ist ihr Verhalten total unverständlich und einfach nicht akzeptabel. – Trotzdem hat der Streit eins gebracht: Die Liebenden haben wieder Abstand zueinander, der durch trotzigen Rückzug zunächst noch ein Stück vergrößert wird. Man geht innerlich – wie oft auch äußerlich – auf Distanz. Nach einiger Zeit in der gelebten Distanz werden jedoch Empfindungen des Alleinseins bemerkt. Diese mobilisieren die andere Art existenzieller Ängste: die Angst vor dem Verlassenwerden und in deren Folge die Angst vor dem totalen Wertverlust. Spätestens zu diesem Zeitpunkt beginnt der Prozess der Wiederannäherung, der kleinen Gesten, der noch »brummelig« geäußerten funktional ausgerichteten Hinweise oder Antworten und der liebevollen Stupser, bis »endlich« beide – meist ohne klärende Aussprache über den Streit – wieder zur Tagesordnung übergehen. Neues »Spiel«, neues Glück!

Die in der Zeitspanne nach dem Krach empfundene Distanz lässt das ungestillte Bedürfnis nach Nähe (und Wert) anwachsen, man erlebt sich wieder ganz nah, begegnet aber nach einiger Zeit erneut der Angst, verschlungen zu werden. So setzt sich die Nähe-Distanz-Schaukel erneut in Gang (siehe *Abb. 6*, S. 146).

Beide Partner schreiben dem anderen die Rolle des Verursachers beziehungsweise Bösen in diesem Prozess zu und machen ausschließlich dessen »Macken« beziehungsweise, liebenswürdiger, dessen Unvollkommenheiten, Fehler, frühkindliche Mängel für die gelebte Beziehungsschaukel verantwortlich. Deshalb ist diesem Teufelskreis oft nur schwer zu entkommen. Ob und wie häufig ein Paar diese Schaukelbewegung duldet oder wie weit die Pendel-

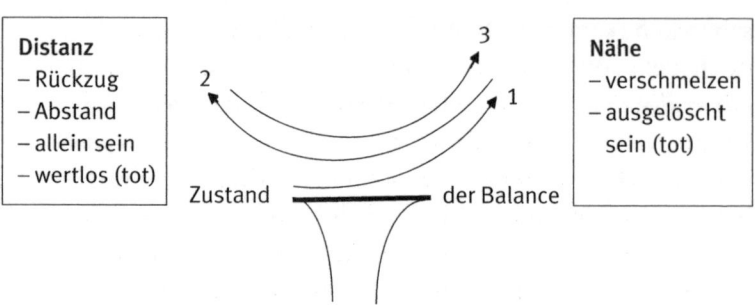

Abb. 6: Nähe – Distanz – Schaukel (Schrittfolge 1 2 3 usw.)

ausschläge reichen, ist von den jeweils individuellen Biografien und auch von den mangelnden Erfahrungen mit Nähe und Distanz abhängig. Generell jedoch gilt, wenn eine oder beide begreifen, dass sie es sind, die diese extremen Zustände von Nähe und Distanz bewirken, ja oftmals sogar aufgrund erlernter Kindheitsmuster anstreben, besteht Hoffnung, die Schaukelbewegung zumindest zeitweise zu stoppen. Jede von beiden Personen kann dann für sich lernen, die in der Nähe wie in der Distanz gesuchte Befriedigung der Grundbedürfnisse nach Anerkennung und Beachtung eigenständig und eigenverantwortlich zu gestalten und dabei die Schaukelbewegung zu vermeiden.

Dafür ist es unseres Erachtens zweckmäßig, noch einmal die Schaukelbewegung selbst zu betrachten und klarer zu fassen, was bei dieser Schaukelbewegung auffällt: Da das Bedürfnis nach Nähe und damit das völlige Aufgehen im anderen wie die entsprechend fantasierte Folge des Aufgesogenwerdens unter Umständen extrem heftig und »total« erlebt werden können, erscheinen auch nur Extreme wie die totale Distanz als Lösung. Auch die lösungsorientierten Maßnahmen müssen extrem sein: heftiger Streit oder im Koitus endende Versöhnung. Aber muss tatsächlich alles so extrem sein?

Unabhängig vom Mechanismus des unbewusst inszenierten Streites als Mittel zur Nähe-Distanz-Regulierung, scheint auch ein allgemein verbreiteter Mangel an geeigneten Verhaltensweisen zu bestehen, durch die eine wünschenswerte Balance zwischen Nähe und Distanz hergestellt werden kann.

Die Regelung einer gesunden Balance zwischen Nähe und Distanz ist für *jedes* Paar von immenser Bedeutung. Denn Liebe, Beziehung, Paarbeziehung brauchen beides: Nähe **und** Distanz. Zu viel Nähe und Bindung, wie sie manchmal zwischen Paaren zutage tritt, blockiert die gegenseitige (sexuelle) Anziehung. Zu viel Distanz unterstützt Gleichgültigkeit bis hin zu Fremdheit, die letztendlich unterschwellig Angst machen. Paare brauchen – das sei immer wieder betont – beides: Dass man sich nah sein darf und aus dieser Nähe auch entfernen darf, ohne einander zu bestrafen. Liebe und Beziehung erfordern, wenn sich Zeiten der Nähe und Distanz abwechseln, den Ausgleich zwischen Autonomie und Bindung, das Wechselspiel zwischen »Ich« und »Wir«. Damit man aus der Beziehungsschaukel aussteigen und sich gleichzeitig nah und getrennt fühlen kann und sich keine Gedanken darüber machen muss, ob einen der andere gerade verschlingt oder fallen lässt, braucht jedes Paar einige verlässliche gegenseitige Grundaussagen. Dazu gehören zum Beispiel klare Entscheidungen zu gegenseitiger Treue und absoluter Verlässlichkeit, die einen generellen Rahmen für jede Nähe-Distanz-Bewegung darstellen. Fehlen diese verpflichtenden Grundaussagen oder wird damit sogar gespielt wie bei Gerhard und Luise (siehe Seite 27), so ist dies der Nährboden für heftigste Schaukelbewegungen.

Neben diesen generellen Vereinbarungen kann es von Zeit zu Zeit günstig sein, im Rahmen einer »Fairness-Bilanz« unter anderem miteinander zu besprechen, wie beide Partner die Balance zwischen Nähe und Distanz erleben (Jellouschek 2008, 130). So können sie etwaige Unstimmigkeiten oder Unzufriedenheiten im Anfangsstadium beheben. Und sie können die zufrieden stellenden Formen der Ausgeglichenheit benennen und bekräftigen sowie sich in gebührender Nähe an ihr freuen. Dies ist insbesondere auch wichtig, weil Nehmen und Geben natürlich eng mit Nähe verbunden sind und sich bei zu viel Distanz leicht eine Unausgewogenheit einstellen könnte. Auch hier wachsen und stabilisieren sich – wie wir bereits deutlich gemacht haben – Liebe und Beziehung durch das Erleben einer fairen Verteilung.

Beziehung:
Weg oder Irrweg?

In den vorangegangenen Kapiteln haben wir beides gesehen: Irrwege, wie sie besonders in unseren Fallbeispielen zutage traten, aber auch Wege, wie sie sich uns in den Lösungen der Fallbeispiele auftaten oder sich in den Erörterungen des Handwerkszeugs der Liebe anbieten. Wir kennen viele Paare, die in ihrer Verbundenheit immer wieder auf ihren gemeinsamen Weg zurückfinden und dabei zeigen, dass dieser sich lohnt. Im tieferen Verstehen des Auf und Ab von Beziehungen und im Nachverfolgen der Frage, warum Bindungen bei so vielen Problemen und möglichen Verstrickungen dennoch dauerhaft und immer wieder beglückend sind, zeigt sich, dass es keine Verstrickung gibt, die nicht am Ende doch eine Liebesbindung ist (mündliche Mitteilung unserer Kollegin Angelika Glöckner am 08. 05. 2010). Denn: Weil man in der Liebe füreinander einen falschen Weg eingeschlagen hat, der zu Unglück oder Krisen führte, ist sie als Liebe nicht weniger wert und bleibt die Basis zum persönlichen Wachstum in der Partnerschaft.

Wenn Sie gleich etwas zu diesem Wachstum lesen wollen, so gehen Sie weiter zu Seite 154. Wollen Sie mehr darüber erfahren, wie Krisen als Chance genutzt werden können, so lesen sie zuvor den nachfolgenden Exkurs.

Krisen als Chance: ein Exkurs

Das seit dem 16. Jahrhundert bezeugte und zunächst als medizinischer Terminus gebrauchte Wort »Krise« (vom Griechischen krisis = Entscheidung, entscheidende Wende) bezeichnet heute im Allgemeinen eine entscheidende schwierige Situation, die zum Positiven gewendet, zumindest aber in eine andere, meist neue Richtung beeinflusst werden sollte. Eine solche Situation, einen unglücklichen und bedrängenden Umstand, die Krise als »Chance« (franz. Glückswurf) und als »glücklichen Umstand« zu begreifen, mindert das allzu leicht mitschwingende Dramatische solcher krisenhaften Umstände und verweist auf ihre positiven Möglichkeiten.

Da Partnerschaft kein Ereignis, sondern ein aktiv zu gestaltender Prozess ist, werden ihre Krisen, wenn wir sie aktiv und positiv angehen, zu Chancen, an denen wir als Person und in unserer Partnerschaft wachsen können. Krisen, die wir dagegen bewusst negieren oder in ihrer Bedeutung »schönreden«, werden zur Gefahr für unsere Beziehung. »Das ist eine Erfahrung, die Menschen immer wieder machen: Wenn sie sich dem Dunkel der Krise stellen, nicht davonlaufen und sich nicht ablenken, wird sie ihnen zum Segen, selbst wenn dabei vieles durcheinandergerät, was sie bisher für ein geordnetes Leben als nötig erachteten« (Jellouschek 1996, 159). Das heißt: Auch in schweren Belastungen, wie sie Krisen darstellen, kann zusätzliche Lebensqualität gewonnen werden, wenn wir die

Belastung annehmen und uns der Herausforderung stellen.

Auslöser solcher Krisen in der Beziehung, die man auch als Störfaktoren bezeichnen könnte, sind oft eher normale, in der Regel stresserzeugende Lebensereignisse wie zum Beispiel wirtschaftliche Probleme, etwa eine drohende Arbeitslosigkeit, eine Terminüberflutung, die man in ihrer Auswirkung nicht gesehen hat. Ebenso können kritische Lebensereignisse Krisen auslösen, wie zum Beispiel Tod oder Krankheit naher Familienangehöriger oder von Freunden.

Dabei lassen fast alle Prozessverläufe von Krisen bestimmte Phasen erkennen, die fließende Übergänge aufzeigen und sich manchmal auch periodisch wiederholen. »Letztlich gleicht die Wiederholung von Phasen und Teilen davon einem Spiralprozess, der die Verarbeitung signalisiert«, so Hilde Anderegg-Somaini (2010), deren Darstellung wir hier ein Stück folgen. Demnach kann die Kenntnis der jeweiligen Phasen uns unseren eigenen Standort im Prozess offenbaren. Zudem kann sie Auskunft darüber geben, welche psychischen Aufgaben in jeder Phase vollzogen werden müssen, inwiefern wir uns unter Umständen hindern, diese Aufgaben zu erfüllen und wie wir den Übergang in die nächste Phase unterstützen können.

In der Regel beginnt demnach eine Krise mit einer Phase von »Abwehr und Widerstand«, in der der Betroffene oftmals noch gar »nicht fassen« kann, was denn eigentlich passiert ist, obwohl sie den

Auslöser der Krise durchaus kennt. Im Begreifen, dass alle gewohnten Fühl-, Denk- und Verhaltensmuster infrage gestellt sind, erlebt er Verunsicherung, Orientierungslosigkeit und Stress sowie beginnende Trauer um einen geahnten oder auch bereits erkannten Verlust. Da in dieser ersten Phase häufig auch die Versorgung der Grundbedürfnisse nach Stimulation, Strokes und Struktur (siehe Seite 115) unterbrochen wird, tendiert er zu verzweifeltem Rückzug und oftmals auch Kontaktabbruch. Im Denken wie im Fühlen schwankt der Betroffene zwischen grundlegenden existenziellen Ambivalenzen, zum Beispiel zwischen dem, was man will, und dem, wozu man sich gedrängt fühlt, es zu tun. Gelingt es, von dieser Phase eines von Selbstzweifeln getragenen Rückzugs zu einer Haltung klarer Selbstwahrnehmung und Anerkennung der eigenen Krisenanteile voranzuschreiten, werden neue Kräfte zur Selbststeuerung und zu aktiven Handlungsschritten in Richtung Lösung und eigenverantwortlicher Sorge für sich und die andere(n) freigesetzt. Sie ermöglichen letztlich die Integration der neuen Erfahrungen, die dann im nächsten Lebensabschnitt eingeübt werden muss. Dafür ist es hilfreich, die bisherige Selbstkritik zu beenden und sich in Selbstakzeptanz zu üben, indem man die gegenwärtige Krise als Teil des eigenen Lebenswegs begreift.

Im Gesamtverlauf einer Krise kann uns zunehmend bewusst werden, dass solche Ereignisse immer auch einen notwendigen Abschied von etwas beinhalten, das aufgegeben oder zurückgelassen werden muss, damit wir Platz für Neues bei uns oder in der Beziehung gewinnen; sie machen also in Teilen einen Trauerprozess notwendig. Aber genau dieser Trauerprozess bietet, wenn er durchlebt wird, die Chance. Ich kann, statt die krisenhaften Ereignisse als »ärgerlichen Patzer« oder auch »bedauerlichen Fehltritt« ausschließlich mir oder dem Partner zuzuschreiben, zunächst mich und dann auch meinen Partner fragen: Worin genau besteht unser jeweiliger Anteil daran, unser Zusammenleben krisenhaft werden zu lassen? Was tue ich dazu, dass es im Moment so ist? Was bedeutet es in meinem Lebensplan? Wofür hat mein Verhalten bisher in meinem Leben gedient und was würde sich ändern, wenn ich Neues ausprobieren, das heißt, mein Verhalten ändern würde? Oder gibt es Teile in mir, die immer noch daran festhalten, dass ausschließlich oder zumindest überwiegend die alten Glaubenssätze über mich, die anderen und die Welt Bestand haben und sich eben gerade in der Krise erneut bestätigen werden? Welcher ist mein Anteil daran, dass alles beim Alten bleibt? An dieser Stelle sollte ich mir eine weitere Frage beantworten: Will ich diese alten Anteile, mein »historisch-biografisches Gerümpel« einer neuen Sichtweise mit anderen Blickwinkeln und neuen Erfahrungen opfern und damit die von mir als unglücklicher und beängstigender Umstand definierte Krise zur Chance und Herausforderung wandeln, um neue Möglichkeiten für mein und unser Beziehungsleben zu schaffen?

Gewiss, dazu gehört Mut – und manchmal vielleicht auch professionelle Unterstützung, besonders wenn die alten Überzeugungen schon Jahrzehnte lang eingeübt waren. Aber genau dieser Mut ist es, der sich vor allem im fortgeschrittenen Lebens- wie Beziehungsalter lohnt, weil er die Krise zur Chance wandelt und uns zu erneutem persönlichem und partnerschaftlichem Wachstum verhilft.

Partnerschaft als Chance zum Wachstum

Die meisten Menschen wissen ebenso wenig wie wir am Beginn unserer Beziehung wussten, worauf sie sich einlassen, wenn sie sich für den anderen entscheiden. Wir sind immer wieder davon beeindruckt, was Liebe trotz dieser Ungewissheit aushält und welche Macht sie hat. Deshalb wollen wir die besonderen Chancen hervorheben, die in einer »Liebes-Beziehung« liegen.

Liebe, so könnte man formulieren, ist nicht nur ein Prozess, sondern ein »Entwicklungsweg mit Höhen und Tiefen«, der dann beginnt, wenn sich zwei entschließen, ihre gegenseitige Liebe in ein gemeinsames Leben münden zu lassen. Denn spätestens dann zeigt sich: Die Liebe ist zwar eine gute Grundlage, zusammen zu leben. Aber in vielen Alltagsdingen kommt es nicht auf den sogenannten Wesensgleichklang, sondern auf praktisch-pragmatische Alltagsbewältigung an. Welches geradezu »göttliche Geschenk«, wenn beide ihren Tagesablauf aktiv und eigenverantwortlich gestalten, ähnliche Vorstellungen von Gesundheit und ihrer Aufrechterhaltung durch Essen, Trinken, Sport und Bewegung haben, denselben oder einen ähnlichen Geschmack pflegen in Bezug auf Wohnungsart und -einrichtung, Feste und Vergnügungen bis hin zur Musik im Autoradio und den Urlaubsorten. Diese gemeinsamen Werte, die wir schon am Anfang als stabilisierende Faktoren dargestellt haben, sind wirklich ein Geschenk. Nein, das sind viele Geschenke, die ungute Auseinandersetzungen ersparen oder vermeiden helfen. Wenn all das jedoch unterschiedlich ausfällt, ist die Liebe solcher Paare, wie wir in unseren Paargruppen immer wieder erfahren, harten Belastungsproben ausgesetzt. Bei Lisa und Frank (siehe Seite 38) haben wir am Beispiel Geld gesehen, dass bei und nach ihrem »Durchstehen« dieser Belastung auch die »tiefste Liebe« manchmal Ermüdungserscheinungen aufweist oder brüchig scheint. Die Lösung des Problems der beiden hat nicht nur den Wert der Kompromissbereitschaft aufgezeigt, sondern auch das Verständnis der beiden füreinander und damit ihre Liebe wachsen lassen. Daraus folgt:

■ Eine wesentliche Chance zur persönlichen Entwicklung in der Partnerschaft besteht darin, dass man durch das Anders-sein des anderen lernen und neue Perspektiven erschließen kann.

In einer »Liebes-Beziehung« kann der andere zum »signifikanten anderen« (Mead 1934, zitiert nach Schmidt 2006, 62) werden, mit dessen Augen ich mich selbst zu sehen beginne.

Ein markantes Beispiel dafür sind Wolfgang und Jutta (siehe Seite 45), deren Beziehung durch die Geburt des Kindes so stark verändert wird, dass sich in der Folge auch beider Ein-

stellung zum Beruf wandelt. In Gesprächen über ihre Lebensgestaltung und vor allem die Wertigkeiten in ihrem Leben erlangen sie den Mut, sich von der Unternehmenskultur der
Agentur, in der Wolfgang arbeitet, zu distanzieren und der
Familie mehr Zeit zu widmen. Dabei nimmt vor allem Wolfgang Abschied von seinem Selbstbild des »Yuppie«, in dem
er sich zuvor gut gefiel. Jutta spiegelt ihm wider, wie weich
und zärtlich er mit dem Kind ist und wie viele behutsame
Aspekte er entwickelt; sie spiegelt seine Ying-Qualitäten. Er
kann diese neu entdeckten Anteile von sich selbst sogar erfolgreich im Beruf einsetzen, indem er nicht nur Ziele ver-
folgt, sondern auch empathisch auf den Prozess achtet.

Dieser Spiegel kann auch als gefährlich erlebt werden.
Niemand beobachtet so genau wie der eigene Partner,
welche Masken man in der Welt aufsetzt, wie man sich
außen anders darstellt als zu Hause. Er erlebt die Bangig-
keit mit, in der man sich auf einen Termin vorbereitet, bei
dem man dann ein durchaus kompetentes Bild abgibt. Er
erlebt mit, dass man sich zum Beispiel im Freundeskreis
wegen eines Problems bedauern lässt, was man selbst verursacht hat, wovon die Freunde jedoch nichts wissen (sollen). Unser Partner ist Zeuge für viele dieser Diskrepan-
zen, für viele Aspekte, in denen wir uns vielleicht selbst
»etwas vormachen«. Damit hat er ein Wissen von der eigenen Person, aus dem heraus er uns jederzeit mit dem
konfrontieren kann, was wir vielleicht selbst nicht wahr-
haben wollen. Umso mehr Vertrauen braucht es, sich zu
zeigen, wie man ist, umso mehr Liebe braucht es, den anderen so anzunehmen, wie er ist. Nur im vertrauensvollen
Sprechen darüber, was man bei sich und dem anderen
wahrnimmt, kann jene Spiegelung geschehen, die Wachstum ermöglicht. Daraus folgt:

▪ Eine weitere Chance zur persönlichen Entwicklung in der Partnerschaft besteht darin, verborgene Seiten von sich selbst ans Licht bringen und leben zu dürfen und andere gegebenenfalls zu verändern.

In partnerschaftlicher Bezogenheit finden wir in unserer eher individualisierten Gesellschaft jenen Ort in uns und im Zusammensein mit anderen Menschen, an dem wir zusammen mit dem Partner unsere Wünsche nach Besonderheit, Authentizität und Originalität leben können. »Erst durch die enge Anbindung an einen Anderen kann das Individuum jene Sicherheit und Stabilität erlangen, die es benötigt, um gleichzeitig autonom und individualisiert in einer ausdifferenzierten Welt (…) bestehen zu können« (Schmidt 2006; zitiert nach Kuttenreiter & Thomanetz 2010, 46). Liebe und gelebte Beziehungen ermöglichen Verhalten, das eigentlich zunächst extrem unwahrscheinlich erscheint: »Zwei Menschen orientieren ihr gesamtes Handeln am jeweils anderen, obwohl sie sich selbst als individuelle Wesen betrachten« (Linsch & Linsch 2010, 69) und auch autonom über sich bestimmen. Darin drückt sich auch der uralte Wunsch nach primärer Verschmolzenheit, nach der Vereinigung der Polaritäten von Ying und Yang zu einer größeren Ganzheit (Jellouschek 2008, 79) aus. Dies gelingt jedoch nur bei gegenseitiger Offenheit, aktivem Vertrauen und Gleichberechtigung der Partner. Daraus folgt:

▪ Sich in Beziehung autonom entfalten zu können, das heißt, in der Freiheit nicht auf Bindung verzichten zu müssen, ist eine weitere Entwicklungschance.

Diese gegenseitige Offenheit ist kein einmaliger Zustand, sondern ein Weg der Auseinandersetzung mit sich selbst und seiner eigenen Biografie. Hierfür ist eine entschiedene Abkehr von der Quadratur des Kreises notwendig, die man im Zuge der Individualisierung immer wieder anstrebt: die Abkehr von der – trotz des Bedürfnisses, dass der Partner »ganz nah und alles« sein soll – gepflegten persönlichen Überabgrenzung. Stattdessen braucht es die Überzeugung und entschiedene Haltung: »Ich habe mich zur Abhängigkeit entschieden, um frei zu sein.«

Denn nur diese Position erkennt die inneren Wünsche und Bedürfnisse nach Bezogenheit (manchmal auch Abhängigkeit) und Abgegrenztheit (Unabhängigkeit, Autonomie) als gleichwertig und gleichberechtigt an und sieht Autonomie und Bezogensein als vereinbare Aspekte. Nur in dieser Position kann ich mich gebunden *und* frei fühlen. Ich kann totale Rücksicht nehmen *und* absolut egoistisch entscheiden. Ich kann ganz selbstständig sein und zulassen, dass du mir fehlst, nicht, weil ich dich zur Aufrechterhaltung meiner Persönlichkeit bräuchte, sondern, weil ich dich liebe und meine Liebe dir gehört. Wohin sollte ich sie sonst verschenken? Sie passt nur zu dir! Diese Freiheit in der Begrenzung zu finden bedeutet, Grenzen zu akzeptieren und sich darin zu entwickeln. Auch das ist eine wesentliche Möglichkeit, die Partnerschaft bietet.

Wir vertreten hier einen radikalen Standpunkt; er muss ebenso radikal gelebt werden. Man muss diesen Standpunkt in Alltagsverhalten umsetzen. Das heißt zunächst einmal, sich der eigenen Angst zu stellen, die durch Veränderungen entsteht. Denn es ist eine erhebliche Veränderung der Paarstruktur, wenn man die selbst gewählte Abhängigkeit bejaht und dem anderen zum Beispiel keine Vorwürfe mehr machen kann, dass er mich einengt, wenn wir uns zeitlich abstimmen müssen. Wir merken dann, dass diese Veränderung bei uns selbst beginnt, und müs-

sen uns fragen, ob wir die dazu notwendigen Wachstums-
prozesse bei uns anschieben wollen und können.

Konkret beginnt dieser angestrebte Wandel mit einem
immer wieder erneut zu vollziehenden Bewusstwerdungs-
prozess:

»Ich mit meiner ganzen Person, meinem Denken, Fühlen, Hoffen und Verhalten habe mich entschieden, dich
mit all deinem Denken, Fühlen, Hoffen und Verhalten
in den Mittelpunkt meines Lebens zu stellen und mein
eigenes Handeln so auszurichten und zu gestalten, dass
es deine und meine Lebensweise, Bedürfnisse und
Wünsche beachtet. Genau das soll meine und unsere
Basis des gewollten Handelns sein. Das heißt, du bist
für mich – auch in Abwesenheit – nicht mehr wegzu-
denkende Realität, zu beachtende Wirklichkeit mit
höchst eigenständigem Denken, Fühlen und Wollen.
Worüber hinaus ich auch noch deswegen von dir abhängig bin, weil ich dich liebe und – wie zuvor bereits
angesprochen – für meine Liebe brauche.«

Mit »Abhängigkeit« meinen wir ausdrücklich *nicht*, dass
mein Wert und mein Überleben vom anderen abhängig ist.

So ungewohnt dieser Prozess des Bewusstmachens auch
klingen mag, so nützlich ist er im Sinne eines mentalen
Trainings, das uns unser neues Verständnis von Liebe und
Partnerschaft erden lässt. Denn ich gehe am Sonntag nicht
mehr zum Fußballspiel, wenn wir das nicht zuvor abge-
sprochen haben beziehungsweise du wenigstens die Möglichkeit der Abstimmung mit mir gehabt hast. So konkret
und so banal vollzieht sich das im Alltag! Und das heißt
nicht, dass ich nur noch das tue, was der oder die andere
will, wohl aber, dass ich nichts mehr tue, ohne ihn oder sie

einbezogen zu haben – zumindest in meinem abwägenden Denken. Wobei sich selbstverständlich im Laufe eines längeren einander beachtenden Partnerschaftsprozesses konstruktive Routinen der Beachtung entfalten, die kein permanentes Nachfragen erfordern und trotzdem den anderen vollauf beachten. Daraus folgt:

- In der selbst entschiedenen Begrenzung durch das »Ja« zur Abhängigkeit besteht die Chance zu lernen, seine eigene Autonomie zu vertreten und durch die Beachtung des anderen eigene Spielräume zu gestalten.

Trotzdem wird das zuvor erwähnte mentale Training der Bewusstwerdung alleine kaum ausreichend sein, um bisherige Klippen der Beziehung, also jene Störgrößen, um die es immer wieder zu Streit und Auseinandersetzung »kam«, auszuräumen oder umschiffbar werden zu lassen. Deshalb empfehlen wir, neben einem versöhnlichen Umgang mit den Tücken, Nöten und Unzulänglichkeiten des täglichen Miteinanders gezielte, auf Versöhnung ausgerichtete Gespräche. Diese sollten behandeln: alle unabgeschlossenen Geschäfte der Partnerschaft (»Wir haben das ja nie zu Ende diskutiert, du hast einfach beschlossen und getan«), die emotionalen Altlasten (»Und prompt bei der Geburt unseres einzigen Kindes warst du nicht da, wo ich dich doch so gebraucht hätte«) und nicht zuletzt die immer noch schwärenden emotionalen Wunden (»So möchte ich nie wieder bloßgestellt werden«) der gemeinsamen Paargeschichte. Darüber hinaus empfehlen wir für jeden der beiden Partner, sich individuell zumindest mit solchen biografischen Ereignissen der eigenen Geschichte auseinanderzusetzen und sie zu einem guten Ende zu bringen, die immer wieder auf das Paarerleben Einfluss nehmen (»Ich bin im Leben immer zu kurz gekommen, früher wie heute. Ja das Leben ist mir einiges schuldig geblieben. Und von dir krieg ich auch wieder nicht, was ich brauche!«). Denn beide Stränge bremsen Wachstum und behindern es, wie wir in verschiedenen Beispielen gezeigt haben. Dabei erfordern Beschäftigung und Auseinandersetzung mit beiden Strängen neben der Bereitschaft der Beteiligten, sich einzulassen, viel Sorgfalt und Einfühlungsvermögen sowie die Nutzung der Werkzeuge, die wir beschrieben haben. – Daraus folgt:

- Die Auseinandersetzung mit dem Partner gibt häufig den Anstoß für eine Auseinandersetzung und letztendlich Versöhnung mit der eigenen Biografie. Dies bietet die Entwicklungschance, sich im eigenen Gewordensein anzunehmen.

Beim Vorhaben der Versöhnung erleichtern neben der besonderen Sorgfalt und dem Einfühlungsvermögen rituelle Kenntnisse den Prozess. Denn hinsichtlich Verletzungen sind wir alle Betroffene. Immer wieder kommt es auch beim besten Willen aller Beteiligten dazu, dass einer der Partner den anderen durch eine Bemerkung, eine Unachtsamkeit, ein Vergessen verletzt. Viele Verletzungen entstehen auch dadurch, »dass Mann und Frau nicht genug Abstand haben und so in ein Gewirr der Emotionen geraten, dass sie sich dann aneinander ›infizieren‹« (Grün 2008, 34). Dabei nützt es gar nichts, die besten Absichten zu beteuern, denn die Verletzung sitzt dennoch tief in der Seele. Das heißt, ob der andere eine Verletzung erlebt, entscheidet sich nicht daran, ob ich das wollte oder nicht wollte, sondern an dem, was mein Tun oder Lassen bei ihm ausgelöst beziehungsweise bewirkt hat. Nicht die Absicht ist wichtig, die mein Tun leitete. Entscheidend ist der Effekt, den es hatte. (Dennoch kann die Klärung von Absichten manchmal den Schmerz der Verletzung deutlich reduzieren.)

Vor allem Verletzungen in besonders sensiblen Situationen einer Beziehung wirken lange weiter. Werden sie nicht anerkannt, wiedergutgemacht und ausdrücklich verziehen, sondern weggesteckt, verschwinden sie keineswegs. Vielmehr werden sie zu jenen schwärenden Wunden, die auf Dauer die Liebe vergiften und die Leidenschaft töten. Anders ausgedrückt: Dass jemand immer wieder auf alten Verletzungen »herumreitet«, hat nicht selten darin seinen Grund, dass der andere sie niemals anerkannt hat. Daher müssen alte wie neue unerledigte, unverziehene Verletzungen noch einmal offengelegt werden, auch wenn das allen Beteiligten unangenehm ist oder weh tut. »Um diese Verletzungen de facto zu heilen, bedarf es einer durchaus regelhaften, geradezu rituellen Folge der Interaktionen: Erkenntnis, Anerkenntnis, Bitte um Verzeihung, Angebot einer Wiedergutmachung, Akzeptanz« (Jellouschek 2002, 102). Oder in den Worten Anselm Grüns: »Vergebung vollzieht sich in vier Schritten. Der erste Schritt zur Vergebung besteht darin, dass ich den Schmerz nochmals zulasse, den die Verletzung in mir ausgelöst hat. Mit dem zweiten Schritt lasse ich meine Wut zu, mit der ich mich vom Verletzer distanziere. Beim dritten Schritt kann ich nachvollziehen, warum der andere gerade so gehandelt hat, seine Beweggründe begreifen. Und erst der vierte Schritt bringt die wirkliche Vergebung, in der ich das verletzte Verhalten beim anderen lasse und mich so innerlich befreie. Aus einer christlichen Sicht sollte dann noch das Gebet für den anderen folgen, dass er seinen Frieden findet. Dann erst bin ich versöhnt mit meinem Leben« (Grün 2008, 34). Weniger christliche Menschen können das Gebet mit einem guten Wunsch für den anderen gleichsetzen. Hilfreich ist dabei jedenfalls zu verstehen, was Vergebung bedeutet. Sie »ist heilbringend vor allem für mich, da sie mich von dem befreit, was mir ein anderer getan hat. Wenn ich dem, der mich verletzt hat, nicht vergeben kann, bin ich noch an ihn gebunden. Manche Menschen werden nie gesund, weil sie nicht vergeben können« (Grün 2008, 34).

Diese Warnung gilt es ernst zu nehmen. Denn eigentlich heißt zu verzeihen, die Sache endgültig gut sein zu lassen, die Verletzung loszulassen, also auch darauf zu verzichten, sie je wieder als Waffe in Auseinandersetzungen hervorzuholen. Geschieht das nicht, bleiben auf den Beziehungskonten auch weiterhin »Soll-Stände«, die ausgeglichen werden müssen, damit nicht einer zum immerwährenden Schuldner und der andere zu seinem Gläubiger wird. Das aber wäre trotz aller Anstrengung letztendlich der Tod aller Liebe. Der Liebe folgen aber heißt, den anderen im Akt der Verzeihung und Versöhnung wieder als vertrauenswürdige Person wahrzunehmen und ihm seine Würde zurückzugeben. – Uns erstaunt es immer wieder, welche Macht den Prozessen von Versöhnung innewohnt. Es ist daher besonders wichtig, sie behutsam zu handhaben. Daraus folgt:

- Indem wir lernen, zu verzeihen, und erleben, dass der andere uns verzeiht, erfahren wir, dass Verletzung heilbar ist. Damit entwickeln wir uns zu Personen, die sich unvoreingenommen einlassen können.

Gerade in oder nach einem solchen Prozess von Klärung und Versöhnung kann es förderlich sein, sich noch einmal bewusst füreinander zu entscheiden. Falls Versöhnung

163

nicht oder nicht mehr möglich ist, ist es für beide gleichermaßen hilfreich, eine gemeinsame, gütliche Trennung in die Wege zu leiten, die von gegenseitigem Verstehen wie Akzeptanz getragen ist. Denn Trennungen können manchmal wirklich »befreien«: sei es, weil man, seinem eigenen unbewussten Lebensplan folgend, tatsächlich »die Falsche« oder »den Falschen« geheiratet hat, mit der oder dem der Weg aus den alten Zwängen der Lebensgeschichte auch bei allem guten Willen nicht gelingen konnte; sei es, weil die alltäglichen Lebensvollzüge trotz aller weiterhin bestehenden Liebe so konträr sind, dass man sich im Tagesalltag nur verletzt, stört und im Lebensvollzug behindert; sei es, weil es im Interesse der Kinder ist, diese aus der tagtäglichen Spannung zu befreien. In all diesen Fällen kann eine ohne große neuerliche Verletzung gestaltete Trennung heilsam sein.

Sollte man aber den anderen Weg gehen und die alte Entscheidung bekräftigen, dann sollte diese Entscheidung unseres Erachtens tatsächlich so radikal gemeint sein, wie es in den rituellen Worten »Bis der Tod euch scheidet« zum Ausdruck kommt. Durch diese Entscheidung herrscht von nun an nicht nur Sonnenschein, wohl aber eine entschiedene Gewissheit, dass wir alle auftauchenden Probleme miteinander so ansprechen und meistern werden, dass die gemeinsame Gefühls-Wetterlage zumindest »überwiegend Sonnenschein« vermeldet.

Sind die Altlasten versorgt und die Vergebung akzeptiert, bedeutet das ein großes Fest in der Partnerschaft. Das kann man auch für alle sichtbar, also mit dem Partner, der Familie und den Freunden feiern (siehe Exkurs zu Sinnlichkeit und Freude in der Partnerschaft, Seite 141). Danach lassen sich notwendige Veränderungsschritte in der Regel leichter in Angriff nehmen. Daraus folgt:

■ Miteinander geteilte Freude erfreut das Herz und erleichtert den Paaralltag.

Spaß und Freude im Paaralltag müssen nicht immer nur über den Partner bezogen werden, da auch die Möglichkeiten einer Partnerschaft reale Grenzen haben. »Wir haben heutzutage einen völlig überzogenen Begriff von Zweisamkeit in der Paarbeziehung. Alles an Nähe und Intimität soll sich zwischen Mann und Frau abspielen.« Das war weder in früheren Zeiten, noch ist es in anderen Kulturen so. »Wenn Männer … immer nur Frauen haben, mit denen sie innigen Umgang pflegen, siedeln sie ihre Identität zu sehr im weiblichen Bereich an. Dadurch geht die gesunde Polarität verloren, die eine Beziehung braucht, um lebendig zu bleiben« (Jellouschek 1996, 71f). Deshalb ist unseres Erachtens an dieser Stelle Vorsicht geboten. Denn die Aussage »Ich brauche dich, weil ich dich liebe« meint nicht, dass ich dich für alles in meinem Leben, vom Joggen über Musizieren bis zum Bücher schreiben oder vom Rennradfahren bis zur Zen-Meditation »gebrauche«, das heißt, ausschließlich dich für die Umsetzung und Erfüllung meiner Wünsche, Interessen und Bedürfnisse verantwortlich mache. Das wäre eine selbst gewählte, zu Kargheit führende Einschränkung aller sozialen und gesellschaftlichen Möglichkeiten, die genau die oben angesprochene Überforderung begünstigt beziehungsweise bewirkt. Und es wäre eine totale Vereinnahmung des anderen, also das Gegenteil von Beachtung der Eigenständigkeit (Autonomie). Zentrale Beachtung des anderen meint hier liebevolles Tolerieren der Fülle wie auch Begrenztheit der anderen Person und gleichzeitiges Akzeptieren unserer Unterschiedlichkeit. Insofern braucht jede Beziehung, will sie sich nicht aneinander

165

klammernd festfahren, den bereichernden und befreienden Dritten, also Freunde, Kollegen, Gleichgesinnte oder auch faire Gegner, und ebenso den entsprechenden Umgang mit gleichgeschlechtlichen Freunden und Bekannten. Denn Wachstum in der Partnerschaft meint auch Wachsen und Reifen der je spezifischen Individualität von Frau und Mann, um sich so stets erneut gegenseitig anzuziehen und zu befruchten. Und dazu braucht man als Mann andere Männer und als Frau andere Frauen! Daraus folgt:

- In dem Raum, den uns der andere lässt, kann man nicht nur mit gleichgeschlechtlichen Menschen die eigene Männlichkeit oder Weiblichkeit entwickeln, die dann in die Partnerschaft zurückfließt, sondern auch mit Freunden Inspiration erfahren, die die Beziehung belebt.

Zusammenfassend lässt sich sagen, dass im Innenverhältnis eines Paares auf Dauer nur dann Wachstum möglich ist, wenn drei wesentliche Polaritäten ausbalanciert sind:

- »Autonomie und Bindung: Die Polarität zwischen ›Ich‹ und ›Wir‹
- Bestimmen und Sich-Anschließen: Die Polarität der Macht
- Geben und Nehmen: Die Polarität des affektiven Austausches« (Jellouschek 2008, 112).

Was gelebte Polaritäten bedeuten, lässt sich gut am Spannungsverhältnis zwischen Bindung und Autonomie aufzeigen: Je intensiver sich ein Paar – so auch unsere eigene Erfahrung – aneinander gebunden und miteinander verbunden fühlt, umso größer ist der Spielraum der eigenen Freiheit und Gestaltung. Wenn ich zutiefst sicher bin, zu

dir zu gehören und für dieses Empfinden jederzeit entsprechende Antwort von dir zu bekommen, kann ich frei
und in gutem Sinne unbekümmert sein in meinen Außen-
kontakten (und dabei meine Partnerin jederzeit beachten). Nichts ist so wie mit und zwischen uns, aber manch
anderes und auch manch andere Beziehung können nahe
herankommen, ohne »gefährlich« zu werden.

Erscheint uns die Balance zwischen Autonomie und
Bindung durchaus einsichtig und »irgendwie« auch um-
setzbar, empfinden viele Menschen hinsichtlich »Bestimmen« und »Sich-anschließen« innerlich einen oft kaum
überbrückbaren Gegensatz, der sie Machtkämpfe erahnen
beziehungsweise befürchten lässt. Da plädieren sie lieber
von vornherein für klare Kompetenzverteilung und entsprechende Absprachen. Die werden allerdings spätestens
dann problematisch, wenn beide, zum Beispiel bei der
Kindererziehung oder beim Kochen, etwas gleich gut
können und gleich gerne tun. Also vereinbaren sie: »Ab-
wechselnd, heute bist du und morgen bin ich zuständig.«
Dies aber ist eine Lösung, die oft schon durch die vielfach
ungleiche Verfügbarkeit von Zeit und durch überkom-
mene Rollenverständnisse beeinträchtigt wird. »Wieso
muss ich schon wieder den Kindergeburtstag organisieren, während er dann kommt und im Mitspielen den großen Helden gibt?«; »Wieso hat sie schon wieder alles mit
den Nachbarn besprochen und vorgeklärt, wo ich noch
nicht einmal Zeit gefunden habe, mich angemessen zu informieren?« Spätestens bei diesen Fragen hört man Eifersucht und Missgunst aus der Ecke kriechen und den
heimlichen oder auch offenen Machtkampf einleiten. Bei
allem Einverständnis damit, dass beide sich gleich kompe-
tent und imstande fühlen, die anstehenden Aufgaben ab-
wechselnd auszuführen, wäre an dieser Stelle ein Perspek-

tivenwechsel gut: Durch ihn würden wir unsere personenbezogenen Fragen – zum Beispiel, warum ich das ewig machen muss oder wieso er das schon wieder macht, obwohl das doch mein Ressort, mein primäres Interesse ist – in den Hintergrund stellen und unser gemeinsames Wohlbefinden in den Vordergrund. Das heißt, wir würden jetzt fragen: »Wer von uns beiden kann in diesem Moment mit dem geringsten Aufwand das Optimale für unser beider Wohlbefinden bewirken?« Das dürfte allenfalls die Möglichkeit eines positiven Wettstreits, wer am meisten zum gegenseitigen Verwöhnen beitragen kann, hervorrufen. Wir glauben, diesen Wettkampf muss kein Paar fürchten.

Bleibt die dritte Polarität zwischen »Geben und Nehmen«, für deren Balance uns bereits der zuvor angesprochene positive Wettstreit die Richtung liefert: Denn hier gilt es nichts anderes, als einen positiven, sich selbst verstärkenden Kreislauf des Gebens und Nehmens zu etablieren, wahr zu machen, dass ich dich brauche, weil ich dich liebe, und darauf zu vertrauen, dass auch der Partner sich in diesen Kreislauf einbringt. Vor allem anfänglich kann es dabei wichtig sein, miteinander zu besprechen, was für die jeweilige Person Geben, Nehmen und Bekommen bedeutet. Denn manchmal sieht die Bilanz nach außen viel unausgeglichener aus, als sie es für das Paar selber ist, und nur das Paar kann beurteilen, ob es zwischen Nehmen und Geben eine Balance entwickelt hat. Daraus folgt:

- Wachstum und Entwicklung entstehen durch die Integration von Polaritäten – und das geschieht nirgendwo lebendiger und kontinuierlicher als in der Partnerschaft.

Voraussetzungen für das Wachstum in der Partnerschaft

Um die zuvor genannte Chance zum individuellen und gemeinsamen Wachstum in der Partnerschaft aufgreifen zu können, sind drei Voraussetzungen zu beachten:

Die Basis des Gelingens besteht darin, Partnerschaft als einen unserer wichtigsten Lebensbereiche ernst zu nehmen. Auch wenn es der Bereich ist, der nicht durch Leistung, Zielerreichung und Disziplin gekennzeichnet sein soll, sondern durch Nähe, Leichtigkeit, Freude, Erregung, Spiel und Vertrauen, braucht er ein hohes Maß von Aufmerksamkeit. Es »läuft« nicht immer von allein, das haben wir vielfältig gezeigt und erläutert. Dies zu erkennen ist jedoch für viele Paare eine Desillusionierung. Sie erleben es, als hätte die Kostbarkeit der Beziehung Kratzer bekommen, wenn sie zum Beispiel lernen müssen, Dialoge zu führen oder Zeitpläne aufeinander abzustimmen.

Dass das Erleben der ineinander aufgehenden Zweisamkeit nicht ständig und nicht immer von selbst geschieht, hat nichts über die Tiefe und Dauer von Beziehung und Liebe zu sagen. Die empfundene Innigkeit in der Liebe ist eine Wellenbewegung zwischen Nähe und Distanz. Das Empfinden von Nähe kann dabei durch alle zuvor besprochenen Themen erheblich gefördert oder beeinträchtigt werden. Partnerschaft ernst zu nehmen bedeutet, bewusst und verantwortlich Werkzeuge zur Regulierung des partnerschaftlichen Prozesses in Anspruch zu nehmen. Denn Dialoge, Darstellen von Standpunkten, gelebte Beachtung für den anderen und offener Umgang mit Gefühlen sind nach wie vor die Voraussetzungen dafür, Nähe, Leichtigkeit und Freude aufrechtzuerhalten oder wiederherzustellen. Sie sind als grundlegende Bausteine von Partnerschaft zu sehen und nicht als Trübung des Liebesglücks.

■ Das Ernstnehmen von Partnerschaft als verantwortlich zu gestaltender Prozess ist eine Voraussetzung für ihr Gelingen.

Eine weitere Voraussetzung für gelingende Partnerschaft ist Zeit. Eine offene, lebendige Beziehung braucht neben der sogenannten Alltagszeit, wie wir sie zum Essen, Kochen, Einkaufen, Kinderversorgen etc. benötigen, ihre eigene Zeit. Wir nennen diese Zeit »Paarzeit«, Zeit, die ausschließlich dem Wohlbefinden des Einzelnen mit dem anderen sowie dem gemeinsamen Wohlbefinden als Paar vorbehalten ist. Diese Zeit muss keineswegs immer durch gemeinsames, möglichst tiefsinniges Sprechen oder möglichst erregend lustvolles Handeln gekennzeichnet sein; sie kann ebenso beim gemeinsamen Zeitunglesen am Kamin oder einem Deichspaziergang im aufkommenden Nebel erspürt, erlebt und erfahren werden. Es reicht, dass wir sagen können: »Schön, dass wir zusammen sind, dass *wir beide* zusammen sind.« Auch hier ist zu beachten, dass es im Erleben dessen, was die Beziehung wertvoll macht, Unterschiede zwischen Männern und Frauen gibt. Letztere haben oft ein größeres Bedürfnis, in der Paarzeit nicht nur gemeinsam etwas zu unternehmen (Fahrrad fahren, Tennis spielen, ins Kino gehen), sondern vor allem gemeinsame Gespräche über »sich, uns und unsere Beziehung« zu führen. Männer dagegen finden viel Befriedigung und Gemeinsamkeit im »Miteinander tun«, ohne viel darüber zu sprechen.

Eine der »Anforderungen«, die wir den Paaren in unseren Therapiegruppen vermitteln, ist demzufolge, sich (wieder) »Paarzeit« einzurichten. Dies bedeutet heutzutage unter Umständen harte Arbeit mit beider Terminkalender. Aus unserer eigenen Erfahrung als beruflich engagiertes Paar mit Kindern, deren Entwicklung wir auch noch, nachdem sie erwachsen sind, zeitintensiv begleiten, ist es uns ein Herzensanliegen, nochmals auf die Notwendigkeit wie Dringlichkeit vorhandener »Paarzeit« hinzuweisen. Dabei wissen wir wohl, dass es zur Verwirklichung manchmal durchaus Mut und Zivilcourage bedarf, um uns der ja weitgehend auch von uns geteilten, ungeschriebenen Gesetze unserer Freunde, Bekannten, Kollegen und Firmen zu entziehen beziehungsweise zu erwehren und zum Beispiel auch Absagen zu erteilen.

■ Gelingende Beziehung braucht Paarzeit, um bezogen lebendig zu bleiben.

Im Arbeits-, Beziehungs- und Familienalltag verlieren wir manchmal Sinn und Wert unserer Beziehung aus den Augen, geschweige denn, dass wir der Beziehung bewusst Sinn und Wert geben. Um diesen Wert aktiv zu gestalten, ist es sinnvoll, dass sich ein Paar so mit seiner Zukunft beschäftigt, wie dies zum Beispiel in Unternehmen üblich ist. Gemeint ist der Entwurf eines Leitbildes beziehungsweise einer Vision, was sich beide als Ziel oder auch als zu erreichenden Idealzustand ihrer Partnerschaft vorstellen. Dabei ist es belanglos, ob man dazu durch eine sogenannte geleitete Fantasie oder über Zukunftsbriefe gelangt. Erwünscht ist in jedem Fall, ein Bild für die Zukunft zu entwerfen, mit dessen Umsetzung bereits durch das Leben im Heute begonnen werden kann. Es geht nicht um Flucht aus der Wirklichkeit, sondern um ein aktives Gestalten des gemeinsamen Weges, auf dem möglichst viele der gemeinsamen Ideen umgesetzt werden können. Dabei geht es um pro-aktive statt reaktive Lebensgestaltung, wozu nur wenige Menschen eine innere Erlaubnis besitzen. Wir sind jedoch sicher, wenn ein Paar diese pro-aktive Lebensgestaltung miteinander entwickelt und die gemeinsamen Bilder erste Konturen annehmen, ziehen diese das Paar wie von selbst auf den Weg, der zum visionierten Ziel führt.

Eine solche Vision kann auch den Blick auf unsere Endlichkeit öffnen. Das bietet uns die Möglichkeit – und spätestens in der zweiten Lebenshälfte wird das wichtig –, auch den Tod als Lehrmeister zu verstehen. Er lehrt uns, nicht alles Schöne auf den Sankt Nimmerleins-Tag zu verschieben, sondern vor allem beziehungsmäßig (Seiwert 2000, 9) die Energie zu entwickeln, heute das zu tun, was heute ansteht, und morgen das, was morgen ansteht. Unser beider Endlichkeit in den Blick zu nehmen kann uns dabei helfen, vor allem das Schöne, Gute und Verlockende nicht hinauszuschieben, bis wir Rente bekommen, die Kinder aus dem Hause sind oder der Besitz schuldenfrei ist. Obwohl oder gerade weil unsere Vision als Paar in die Zukunft gerichtet ist, kann sie für erfüllte Paarzeit im Hier und Jetzt sorgen.

■ Die dritte Voraussetzung für das Gelingen der Beziehung ist eine Vision, die uns jetzt und auch zukünftig Sinn und Wert unserer Beziehung greifbar macht.

Das Wichtigste in der Beziehung ist die Liebe: ein Ausblick

Liebe als Basis von Beziehung, Partnerschaft und Ehe hat uns, obwohl wir das Wort nicht so häufig verwendet haben, als roter Faden durch dieses Buch begleitet. Deshalb wollen wir mit der Liebe auch das Buch beenden.

Wenn Sie sich für Liebe im Zusammenhang mit Spiritualität interessieren, so lesen Sie bitte den nachfolgenden Exkurs. Möchten Sie das Buch damit beenden, was Ihnen die Liebe direkt zu sagen hat, so gehen Sie bitte zu Seite 176.

Spiritualität in der Partnerschaft: ein Exkurs

Beziehung ermöglicht uns neben dem wichtigen Empfinden von Zugehörigkeit und Mitmenschlichkeit in vielfertiger Form auch spirituelle Erfahrung, die unsere Alltagserkenntnis übersteigt: Das beginnt bereits bei der Partnerschaft selbst, in der es viele Menschen vor allem in glückhaften Momenten offener Begegnung als Geschenk oder sogar als Mysterium empfinden, einander lieben zu können und sich geliebt zu fühlen. Dieses Geheimnis, das man letztlich nicht erklären kann, bewirkt nicht nur eine der reichsten und glücklichsten Erfahrungen, die wir als Menschen miteinander erleben können, sondern ist in der Begegnung oftmals auch das Tor zur Selbsterkenntnis, das ich nur in der liebevoll offenen Bezogenheit zum Du durchschreiten kann. »Der Mensch wird am Du zum Ich. Der Mensch wird zu dem Ich, dessen Du man ihm gewährt« (Martin Buber zitiert nach Paulig 2009, 149). Wer und was ich bin, erfahre ich letztlich im Spiegel der anderen. Nur in unserer Bezogenheit zum Du, zum Wir und zu unserer Umwelt können wir uns selbst und den anderen als Teil des komplexen Ganzen verstehen, das wir »Welt« oder manchmal auch »die Schöpfung« nennen.

Lebendige Partnerschaft ermöglicht uns, mithilfe des anderen zu erkennen, wer wir wirklich sind. Und Partnerschaft kann, gerade in der körperlich-geistigen wie seelischen und erotischen Dimension ein Weg sein, der uns auch als Paar Möglichkeiten spiritueller Erfahrung eröffnet. »Einander erkennen«, wie die sexuelle Begegnung in der Bibel mehrfach bezeichnet wird, und den anderen bedingungslos, ohne Wenn und Aber, mit all seinen Grenzen und Einschränkungen anzunehmen beinhaltet unseres Erachtens ein spirituelles Moment, das für manche Menschen mehr ist, als im menschlichen »Ich liebe dich« zum Ausdruck kommt. Ob das als inniger Moment beziehungsweise als Hinweis auf eine spirituelle Dimension erlebt und sogar benannt werden kann, hängt von aktuellen Lebenseinstellungen des

Paares (wie zum Beispiel dem Verhältnis zu Religion, Philosophie oder auch Esoterik) und deren Teilhabe an entsprechenden Kreisen und auch von der jeweiligen Vorerfahrung beider Partner aus Kindheit, Jugend- und Studienzeit ab. Welche Erfahrungswelten sich zwei Menschen in ihrem Paarsein erobern, wird zum einen durch die Unbedingtheit des sich Einlassens und zum anderen auch durch ihre Erfahrung mit spiritueller Praxis mitbestimmt. Partnerschaft wurde allerdings von ihrem Wesen her schon immer als ein Weg zum sogenannten Göttlichen betrachtet, weshalb sie in den christlichen Religionsgemeinschaften ja auch zu den kirchlichen Sakramenten zählt. Die körperlich-seelisch-geistige Vereinigung im erotischen Akt der Sexualität kann im Ausdruck der totalen Annahme des anderen ebenso auf diesen spirituellen Weg hinweisen, wie die in einem gemeinsamen Versöhnungsprozess erfahrene oder gewährte Vergebung von Kränkungen und Schuld. Dabei war und ist klar, dass Partnerschaft uns nur dann als Weg zum Göttlichen dienen kann, wenn man »in guten wie in schlechten Zeiten« beieinanderbleibt. Nur dann kann es zur erlebten und gelebten Ganzheit kommen, die sich in der Metapher der Vereinigung von Ying und Yang im buddhistischen Lebensverständnis und ebenso zum Beispiel in der »Vereinigung und Überwindung der Gegensätze« im christlichen Weltverständnis als erstrebenswerter Zustand transzendenten Bewusstseins darstellt. Nur im gemeinsamen Erkennen, dass es im Akt der erlebten und gelebten Ganzheit etwas über die beiden Partner Hinausweisendes gibt, kann der tröstende Gedanke entstehen, dass die häufig praktizierte Überhöhung der Liebe entmythologisiert wird: Die Beziehung ist noch nicht der Himmel auf Erden und muss es auch nicht sein (in Anlehnung an Jellouschek 2008, 79).

Dass sich trotzdem immer mehr Menschen, auch immer mehr Paare, danach sehnen, diese spirituelle Dimension erfahren und erleben zu können, wird uns in unseren Paartherapien häufiger vermittelt. Diese Sehnsucht aufzugreifen und Paare zur Suche nach dem »Mehr«, zur Form »reifer Liebe« (Fromm 1956), zu ermuntern ist uns ein wichtiges Anliegen.

Ende gut, alles offen

Gelingende Partnerschaft beinhaltet das beglückende Gefühl, miteinander und mit der Welt so umgehen zu können, dass wir darin wachsen können und uns zugleich wohl fühlen. Dieses Wohlbefinden mit uns selbst, unseren Wünschen, Interessen und Bedürfnissen wie Sehnsüchten, verbunden mit dem Empfinden, in unserer Partnerschaft daheim zu sein, zeigt uns, dass wir auf dem richtigen Weg sind. Dabei überprüfen wir die Stimmigkeit dieses Wohlbefindens im gemeinsamen Glück am besten immer wieder miteinander, sei es im vertieften Gespräch oder im zärtlichen Streicheln »zwischen Tür und Angel«.

Um ganz zum Schluss noch einmal die Liebe zu Wort kommen zu lassen, lesen sie bitte die »Antithesen eines unbekannten Autors« (zitiert nach Küng 2009, 268):

»Pflicht ohne Liebe macht verdrießlich;
Pflicht in Liebe erfüllt, macht beständig.

Verantwortung ohne Liebe macht rücksichtslos;
Verantwortung in Liebe getragen macht fürsorglich.

Gerechtigkeit ohne Liebe macht hart;
Gerechtigkeit in Liebe geübt macht zuverlässig.

Erziehung ohne Liebe macht widerspruchsvoll;
Erziehung in Liebe wahrgenommen macht geduldig.

Klugheit ohne Liebe macht gerissen;
Klugheit in Liebe praktiziert macht verständnisvoll.

Freundlichkeit ohne Liebe macht heuchlerisch;
Freundlichkeit in Liebe erwiesen macht gütig.

Ordnung ohne Liebe macht kleinlich;
Ordnung in Liebe gehalten macht großzügig.

Sachkenntnis ohne Liebe macht rechthaberisch;
Sachkenntnis in Liebe ausgeübt macht vertrauenswürdig.

Macht ohne Liebe macht gewalttätig;
Macht in Liebe eingesetzt macht hilfsbereit.

Ehre ohne Liebe macht hochmütig;
Ehre in Liebe gewahrt macht bescheiden.

Besitz ohne Liebe macht geizig;
Besitz in Liebe gebraucht macht freigebig.

Glaube ohne Liebe macht fanatisch;
Glaube in Liebe gelebt macht friedfertig.«

Und wir fügen hinzu:

Liebe macht abhängig und frei
und wächst, wenn ich entschieden bin für Dich.

Literatur

ANDEREGG-SOMAINI, H.: *Krisen als Chance wahrnehmen – Beratung als Krisenmanagement.* In: HAGEHÜLSMANN, H. (Hrsg.): *Beratung zur Lebensbewältigung: Die Kunst transaktionsanalytischer Beratung: Vielfalt in Theorie & Praxis.* Band 2. Paderborn: Junfermann 2010

BARNES, G. & Contributors: *Transactional Analysis after Eric Berne: Teaching and Practices of Three TA Schools.* New York: Harpers College Press 1977; dt.: *Transaktionsanalyse seit Eric Berne. Band I-III.* Hrsg. von G. Kottwitz. Berlin: Institut für Kommunikationstherapie 1979, 1980, 1981

BECK, U. & BECK-GERNSHEIM, E.: *Das ganz normale Chaos der Liebe.* Frankfurt/Main: Suhrkamp 1990/2005

BERNE, E.: *Games people play.* New York: Grove Press 1964; dt.: *Spiele der Erwachsenen: Psychologie der menschlichen Beziehungen.* Reinbek: rororo 1967/1970

BERNE, E.: *What do you say after you say hello?* New York: Bantam Books 1972; dt.: *Was sagen Sie, nachdem Sie »Guten Tag« gesagt haben? Psychologie des menschlichen Verhaltens.* München: Kindler 1975

BRANDL-NEBEHAY, A. & HINSCH, J. (Hrsg.): *Paartherapie und Identität: Denkansätze für die Praxis.* Heidelberg: Carl-Auer-Systeme-Verlag 2010

DIE BIBEL, *Die Heilige Schrift des Alten und Neuen Bundes.* Freiburg im Breisgau: Herder 2005

ENGLISH, F.: *Ersatzgefühle und Ausbeutungstransaktionen als die Wurzel psychologischer Spiele.* In: English, F.: *Transaktionsanalyse: Gefühle und Ersatzgefühle in Beziehungen.* Hrsg. von Michael Paula. Hamburg: ISCO-Press 1980, 97–124

ENGLISH, F.: *Es ging doch gut – was ging denn schief? Beziehungen in Partnerschaft, Familie und Beruf.* München: Kaiser 1982

FROMM, E.: *Die Kunst des Liebens.* Frankfurt/Main, Berlin, Wien, Ullstein 1977 (amerik. Original: 1954)

FROMM, E.: *Haben oder Sein: Die seelischen Grundlagen einer neuen Gesellschaft.* Stuttgart: dtv 1979 (amerik. Original 1976)

GRÜN, A.: *Warum ein gesunder Glaube die Psychologie braucht – ein Interview.* In: JELLOUSCHEK, H., SCHELLENBAUM, P. & WILBER, K. u.a.: *Was heilt uns? Zwischen Spiritualität und Therapie.* Hrsg. von Michael Seitlinger. 3. Auflage. Freiburg: Herder 2008, 13–36

HAGEHÜLSMANN, H.: *Das Bild vom Menschen in der Transaktionsanalyse: Philosophische, anthropologische und ideologische Vorstellungen.* In: GREIVE, W. (Hrsg.): *Das Bild vom Menschen in der neuen Gruppenarbeit.* Loccumer Protokolle 1989, 22, 26–54

HAGEHÜLSMANN, H. (Hrsg.): *Beratung zu professionellem Wachstum: Die Kunst transaktionsanalytischer Beratung. Vielfalt in Theorie & Praxis*. Band 1. Paderborn: Junfermann 2006

HAGEHÜLSMANN, H. (Hrsg.): *Beratung zur Lebensbewältigung: Die Kunst transaktionsanalytischer Beratung: Vielfalt in Theorie & Praxis*. Band 2. Paderborn: Junfermann 2011

HAGEHÜLSMANN, H. & HAGEHÜLSMANN, U.: *Beziehungsorientierte Transaktionsanalyse: Altes in neuem Gewand?* Zeitschrift für Transaktionsanalyse. Paderborn: Junfermann 2008, 25, 64–68

HAGEHÜLSMANN, U.: *Transaktionsanalyse – Wie geht denn das? Transaktionsanalyse in Aktion I.* 5. Auflage. Paderborn: Junfermann 2006

HAGEHÜLSMANN, U. & HAGEHÜLSMANN, H.: *Der Mensch im Spannungsfeld seiner Organisation: Transaktionsanalyse in Managementtraining, Coaching, Team- und Personalentwicklung.* 2. Auflage. Paderborn: Junfermann 2001

HAGEHÜLSMANN, U. & HAGEHÜLSMANN, H.: *Beratung bei und in Paarkonflikten.* In: HAGEHÜLSMANN, H. (Hrsg.): *Beratung zur Lebensbewältigung: Die Kunst transaktionsanalytischer Beratung: Vielfalt in Theorie & Praxis.* Band 2. Paderborn: Junfermann 2011

HOHMANN-DENNHARDT, CH.: *Prüfe, wer sich ewig bildet.* Frankfurter Allgemeine Zeitung vom 25.03.2010, 8

JELLOUSCHEK, H.: *Mit dem Beruf verheiratet: Von der Kunst, ein erfolgreicher Mann, Familienvater und Liebhaber zu sein.* Stuttgart: Kreuz 1996

JELLOUSCHEK, H.: *Wie Partnerschaft gelingt – Spielregeln der Liebe.* 4. Auflage. Freiburg im Breisgau: Herder 1999

JELLOUSCHEK, H.: *Bis zuletzt die Liebe: Als Paar von einer schweren Krankheit herausgefordert.* Freiburg: Herder 2004

JELLOUSCHEK, H.: *Liebe auf Dauer: Was Partnerschaft lebendig hält.* Überarbeitete Neuausgabe. Stuttgart: Kreuz 2008

JELLOUSCHEK, H., SCHELLENBAUM, P. & WILBER, K. u.a.: *Was heilt uns? Zwischen Spiritualität und Therapie.* Hrsg. von Michael Seitlinger. 3. Auflage. Freiburg: Herder 2008

JELLOUSCHEK, H.: *Spiritualität als therapeutische Kraft in der Paarbeziehung.* In: JELLOUSCHEK, H., SCHELLENBAUM, P. & WILBER, K. u.a.: *Was heilt uns? Zwischen Spiritualität und Therapie.* Hrsg. von Michael Seitlinger. 3. Auflage. Freiburg: Herder 2008, 73–84

KRAUSZ, R. R.: *Macht und Führung in Organisationen.* Zeitschrift für Transaktionsanalyse 1989, 6, 92–108

KÜNG, H.: *Was ich glaube.* 4. Auflage. München: Piper 2009

MOELLER, M. L.: *Die Liebe ist das Kind der Freiheit.* 3. Auflage. Reinbek: Rowohlt 1986

MORGENROTH, CH.: *Die engagierte Frau: Frauen und Interessensorganisationen.* Münster: Verlag Westfälisches Dampfboot 1996

PAULIG, P.: *Das Kinderversteherbuch.* München: Pattloch Verlag 2009

POWERS, R. & BANTLE, G.: *Partnerschaft als spiritueller Weg.* 3. Auflage. Seeon: Ch. Falk 1995

SCHIFF, J. L. et al.: *Cathexis Reader.* Transactional Analysis Treatment of Psychosis. New York: Harper & Row 1975

SCHLEGEL, L.: *Handwörterbuch der Transaktionsanalyse: Sämtliche Begriffe der TA praxisnah erklärt.* Unter Mitwirkung von Fritz Wandel, Bernhard Schibalski und Helmut Harsch. Freiburg, Basel, Wien: Herder 1993. Erweitert und zugänglich im Internet unter www.dgta.de oder www.dsgta.ch

SCHLEGEL, L.: *Die transaktionale Analyse.* Tübingen, Basel: Francke 1995

SCHMIDT, G. & STRIZTKY, J. v.: *Beziehungsbiografien im sozialen Wandel.* Zeitschrift für Familiendynamik 2004, 29, 78–100

SCHMIDT, K.: *Paarbeziehung und Identität.* Jena: Padeia 2006

SEIWERT, L. J.: *Wenn Du es eilig hast, gehe langsam. Das neue Zeitmanagement in einer beschleunigten Welt.* Unter Mitarbeit von MCGEE-COOPER, A. 5. Auflage. Frankfurt/Main, New York: Campus 2000

WILLI, J.: *Die Zweierbeziehung: Spannungsmuster – Störungsmuster – Klärungsprozesse – Lösungsmodelle.* Reinbek: Rowohlt 1975/1999

WILLI, J.: *Therapie der Zweierbeziehung: Analytisch orientierte Paartherapie; Anwendung des Kollusionskonzeptes; Handhabung der therapeutischen Dreiecksbeziehung.* Reinbek: Rowohlt 1978/1999

WILLI, J.: *Psychologie der Liebe: Persönliche Entwicklungen durch Partnerbeziehungen.* Stuttgart: Klett-Cotta 2002

WILLI, J.: *Liebe muss bleiben! Langweilig wird es nie.* Interview mit Sonja Kastilan. Frankfurter Allgemeine Zeitung vom 14.02.2010

WILLI, J. & LIMACHER, B. (Hrsg.): *Wenn die Liebe schwindet: Möglichkeiten und Grenzen der Paartherapie.* Stuttgart: Klett-Cotta 2005

WSA, »*Wir-Sager leben harmonischer in ihrer Beziehung.* Tagesspiegel vom 09.02.2010

Anschrift der Verfasser:
Ute & Dr. Heinrich Hagehülsmann
Wiemkenstraße 25
26180 Rastede, Deutschland